AF328352

LE SIÈGE DE BEAUVAIS EN 1472
ET
JEANNE HACHETTE
PAR
ANDRÉ TALMONT
LIMOGES
MARC BARBOU ET Cⁱᵉ, IMPRIMEURS-LIBRAIRES
RUE PUY-VIEILLE-MONNAIE
1887

JEANNE HACHETTE

GRAND IN-8° TROISIÈME SÉRIE

STATUE DE JEANNE HACHETTE A BEAUVAIS

LE SIÈGE DE BEAUVAIS EN 1472

ET

JEANNE HACHETTE

PAR

ANDRÉ TALMONT

LIMOGES

Marc BARBOU & Cie, Imprimeurs-Libraires

RUE PUY-VIEILLE-MONNAIE

—

1887

POUR LA PATRIE

Ceux qui pieusement sont morts pour la patrie,
Ont droit qu'à leur cercueil la foule vienne et prie.
Entre les plus beaux noms leur nom est le plus beau.
Toute gloire près d'eux passe et tombe éphémère ;
    Et, comme ferait une mère,
La voix d'un peuple entier les berce en leur tombeau !

    Gloire à notre France éternelle !
    Gloire à ceux qui sont morts pour elle !
    Aux martyrs, aux vaillants, aux forts !
    A ceux qu'enflamme leur exemple,
    Qui veulent place dans le temple,
    Et qui mourront comme ils sont morts.

(V. Hugo.)

AVANT-PROPOS

Le XVe siècle, si fertile en événements de toutes
sortes, vit naître, dans notre France, une force jusque-
là à peu près inconnue : celle du sentiment national.

La période comprise entre 1400 et 1429 constitue
une des époques les plus sombres de notre histoire.
Un roi fou, une reine dissolue et criminelle, des princes du sang se disputant le pouvoir et entretenant la
guerre civile au profit de l'étranger, la couronne de
France livrée aux rois d'Angleterre ; partout misères et
douleurs , meurtre et pillage : tel est le tableau
navrant que présentait alors notre malheureux pays.

Mais à la voix d'une simple paysanne, d'une pauvre
bergère de dix-sept ans, le royaume désolé se sent bientôt capable de reconquérir sa vie et son honneur.

Le peuple affamé, « qui bêlait vers Dieu comme un
troupeau sans pasteur » salue en Jeanne d'Arc la vierge
libératrice qui doit écraser l'Anglais.

Partout où l'étranger souille le sol sacré de la patrie,
les paysans courent aux armes. Les vieilles rivalités
font place à la haine inspirée par les irréconciliables
ennemis du royaume, qui depuis tant d'années le met-

tent au pillage. En 1453, la guerre de Cent Ans est *terminée, marquant la fin du moyen-âge.*

C'est vers la fin de cette guerre que la nationalité française s'est glorieusement affirmée, et le roi a reconquis du même coup son pouvoir et ses provinces, car les seigneurs, paraissant enfin comprendre le besoin de l'unité, se sont serrés autour de lui.

Les révoltes qui marquent le règne de Louis XI sont le dernier et suprême effort de la féodalité mourante. La bourgeoisie revendique ses droits, et, des rangs du peuple va sortir la magistrature.

Si la condition du paysan reste à peu pres la même, il est du moins plus libre et la royauté veille à la sécurité des campagnes.

L'administration s'organise, l'armée se forme, prête à faire rentrer dans l'obéissance quiconque voudrait s'en écarter.

Cependant, la maison de Bourgogne essaye de rompre à son profit l'unité qui vient de se former. Charles le Téméraire voudrait, en s'agrandissant, relier les deux tronçons de ses Etats et changer son titre de duc contre celui de roi. Il espère atteindre ce but en encourageant à la révolte les maisons de Bretagne, de Bourbon, d'Alençon, d'Armagnac, de Foix, de Nemours, etc...

Une féodalité nouvelle se serait formée, si Louis XI n'eût fait bonne garde; aussi, malgré ses ruses, ses perfidies et ses cruautés, ce prince mérite-t-il d'être placé parmi les rois vraiment patriotes.

La couronne de Charles VII avait été sauvée par la

bergère de Domrémy, l'inspirée du Bois-Chesnu, la glorieuse personnification de la France populaire ! Sous le règne de Louis XI, l'intervention d'une autre jeune fille, Jeanne Hachette, contribua à l'une des défaites les plus sanglantes qu'ait éprouvées Charles le Téméraire.

N'est-il pas intéressant de voir deux femmes obscures, mais animées du plus ardent patriotisme, apparaître aux heures les plus sombres, aux moments les plus désespérés, pour montrer aux Français le chemin de l'honneur et du devoir, et y marcher à leur tête.

L'une de ces héroïnes est livrée au bourreau par un évêque de Beauvais, Pierre Cauchon, dont l'histoire a justement flétri l'odieuse mémoire ; et c'est cette même ville de Beauvais que sa vaillante émule sauve de la fureur du Téméraire.

Sans doute la gloire de Jeanne Hachette n'est pas comparable à celle de Jeanne d'Arc ; mais toutes deux sont sœurs par le patriotisme, et l'histoire nous apprend que c'est au noble exemple de la libératrice d'Orléans, que nous devons l'action sublime qui sauva Beauvais.

JEANNE HACHETTE

BEAUVAIS

Beauvais, chef-lieu du département de l'Oise et ancienne capitale du Beauvaisis, compte aujourd'hui 16,600 habitants. La ville tout entière est assise dans la vallée du Thérain, affluent de l'Oise, au-dessous du confluent de cette rivière avec l'Avelon. Elle pouvait être ainsi facilement entourée par les eaux qui donnaient, pendant le moyen-âge, un moyen de défense redoutable aux assaillants.

On retrouve à Beauvais, — comme à Senlis, à Noyon et dans la plupart des villes d'origine romaine; — deux enceintes incontestables. La première, située dans la partie haute, par rapport aux cours d'eaux, indique l'étendue de la ville sous la domination romaine. Les historiens font remonter la construction de ces murs à Posthume, qui commandait dans la Gaule-Belgique au temps de l'empereur Gallien. Le rempart était formé de moëllons liés par un ciment très dur, et il était défendu par dix-huit tours à trois étages, carrées aux angles de l'enceinte et semi-cylindriques dans l'intervalle des courtines. Des fossés en protégeaient les abords.

Deux entrées, seulement, donnaient accès dans la cité : L'une, vers le sud-ouest, dite porte *Châtel*, et depuis porte du *Gloria-Laus*; l'autre, entre l'évêché et la cathédrale, au bout de la ruelle qui conduit de la rue de l'Evêché au jardin du palais de justice actuel. Plus tard, on pratiqua, en démolissant le mur d'enceinte, une troisième ouverture , qui fut appelée porte de *la Frête*; elle correspondait à la rue ainsi nommée aujourd'hui.

Le prétoire de la forteresse était sur la place actuelle de la cathédrale; il consistait en une tour carrée, flanquée de tourelles angulaires, portant le nom de beffroi, et servant, en dernier lieu, de clocher pour l'église; cette construction, détruite vers la fin du siècle dernier, recouvrait des souterrains profonds.

Le palais de justice est bâti sur le rempart romain. Cette fortification qui avait été minée ou abandonnée à l'intérieur de la ville lorsqu'on eut établi la deuxième enceinte, se trouva très compromise sur le côté ouest, lors du siège de 1472, parce que la première attaque des Bourguignons eut lieu par là. Il restait cependant une assez grande partie du mur réparé avec des briques, et trois tours entières dont on voit le dessin dans le Cours d'Antiquités de M. de Caumont.

La deuxième enceinte est indiquée par les boulevards qui occupent aujourd'hui la place des fortifications. On en rapporte l'origine aux lettres de 1190, par lesquelles Philippe-Auguste ordonnait d'enclore de murs les villes frontières. Cependant il y eut, paraît-il, une enceinte intermédiaire qu'on nommait le *Bourg-clos*.

L'établissement des nouvelles fortifications dura à peu près cent cinquante ans. La dernière partie, qui consiste en ce qu'on appelle la butte Sainte-Marguerite, fut continuée de manière à mettre dans la ville l'Hôtel-Dieu et l'église Saint-Laurent. Elles étaient complètes en 1355, comme l'indiquent les lettres du roi Jean, en date du 27 avril, ordonnant de fermer plusieurs bourgs, et citant en exemple la beauté des remparts de Beauvais et l'abondance des eaux qui les protégeaient.

A partir de ce moment, les titres de la ville et ceux de l'évêché abondent en demandes d'argent pour l'entretien et l'agrandissement des remparts. Ils imposaient une charge énorme et perpétuelle à tous les habitants, sans distinction, et à cent quatorze villages, à quatre lieues à la ronde. Un officier, appelé maître des forteresses, était préposé à leur garde et à leur conservation.

Quelques ouvrages avancés existaient en dehors de l'enceinte. Le plus considérable consistait dans la tour de *Croux, Croul* ou *Craoul*, située à la limite des jardins de l'évêché vers le faubourg Saint-Quentin. Ce fortin était entouré d'un mur qui s'étendait depuis l'évêché jusqu'au territoire de l'abbaye de Saint-Quentin. Il était combiné avec l'ouvrage à cornes qui défendait l'entrée de la ville par la porte Gournay, et qui a valu à cette issue, au XVe siècle, la dénomination de *Porte-Limaçon.*

Les hauteurs de Saint-Symphorien, dominant immédiatement la ville, avaient aussi quelques défenses : Ces ouvrages en terre, facilement ruinés, étaient repris chaque fois que la ville était menacée.

Les murailles des fortifications étaient percées de neuf portes, poternes ou passages ; la surface renfermée était d'un peu plus de quatre-vingt-quinze hectares.

La ville de Beauvais a été presqu'entièrement rebâtie après le siège de 1472, et le plus grand nombre des maisons date encore du XVIe siècle. Ce sont des constructions en bois à plusieurs étages, à toit en dos d'âne, à pignon sur la rue, ayant le premier étage et quelquefois les autres en encorbellement. On a fait disparaître les moulures qui décoraient les façades, quelquefois les pignons et même les saillies ; mais la ville, sous le rapport des édifices comme pour les alignements, conserve toujours le type moyen âge. Cependant, comme la plupart des maisons sont recrépies et badigeonnées, il résulte un effet assez bizarre de ce fard moderne appliqué sur de vieilles constructions.

On montre dans la rue Jeanne-Hachette l'emplacement qu'occupait la maison de l'héroïne. Il y a quelque cinquante ans, on pouvait aussi visiter la maison de l'évêque Cauchon. « Cette maison existait encore dans un large bâtiment en bois tout ciselé, tout flanqué de bêtes ailées, grimaçantes, criantes, hurlantes. A l'angle, un dais abritait des personnages du temps. L'intérieur était bas, humide, noir, comme un caveau funèbre ; les portes étaient affaissées, les tourelles perforées, les escaliers dénaturés, les pignons étaient compliqués ; les souvenirs ne cessaient de palpiter autour de ces vieilles choses, et tout a disparu sous un abri vulgaire. » (1)

La ville de Beauvais était autrefois l'une des plus riches de la Picardie en monuments importants. Indépendamment des constructions romaines ou gallo-romaines, et des ouvrages militaires, on n'y comptait pas moins de vingt-cinq églises de toutes sortes, et un certain nombre d'édifices notables de l'ordre civil. Les maisons les plus chétives étaient monumentales, c'est-à-dire caractérisées. (2)

Le monument le plus ancien est sans contredit la Basse-Œuvre, vieux temple de Jupiter dont le IVᵉ siècle fit une église ; elle fut démolie en partie lorsqu'on entreprit, à la fin du XVIᵉ siècle, la construction de la nef de la cathédrale. C'est là que fut signé l'abandon du comté de Beauvais aux évêques de la ville, sous l'épiscopat de Roger de Champagne. Vendue en 1774, cette antique basilique fut convertie en chantier de bois et demeura à peu près abandonnée jusqu'en 1840, époque à laquelle l'Etat racheta le bâtiment pour en

---

(1) Beauvais, par M. F. Dénoix des Vergnes.
(2) Nous empruntons la plupart de ces détails au *Précis statistique* sur le canton de Beauvais, rédigé en 1851.

assurer la conservation comme monument historique.

La cathédrale est un des plus beaux monuments de l'art gothique dont il faut, vraisemblablement, faire remonter la fondation à l'épiscopat d'Hervé, vers 991. Les historiens rapportent qu'en 1180, la ville de Beauvais fut brûlée presqu'entièrement avec toutes ses églises, y compris la cathédrale. Toutefois, on prétend que l'édifice ne disparut pas complètement, et que quelques chapelles échappèrent aux flammes. Cependant, le dommage existait encore en 1217, car à la mort de Philippe de Dreux, le corps de ce prélat demeura en dépôt dans la Basse-Œuvre jusqu'à ce que le chœur de la cathédrale eût été mis en état de le recevoir. Un nouvel incendie détruisit, en 1225, tout ce qui restait de l'église primitive avec les parties récemment relevées. L'évêque Miles de Nanteuil affecta à sa réédification des sommes considérables; mais, en 1284, une partie de la grande voûte s'écroula, entraînant dans sa chute plusieurs piliers intérieurs et extérieurs et brisant toutes les verrières.

Il faudrait un gros volume pour raconter l'histoire de ce splendide monument et toutes les vicissitudes auxquelles il a été soumis : C'est un incendie qui le dévore, c'est un mur qui s'écroule, c'est une voûte qui s'écrase, c'est le clocher qui s'affaisse. Mais la persévérance de nos pères était à la hauteur des difficultés qui renaissaient sans cesse. Des sommes énormes furent consacrées à continuer ou à embellir ce superbe édifice jusqu'à l'année 1604, époque où, faute de ressources, il fallut arrêter les travaux.

La cathédrale de Beauvais est placée sous le vocable de Saint-Pierre ; elle a été construite, prétend-on, sur le plan de la célèbre cathédrale de Cologne, avec la prétention de surpasser, par son étendue, tous les temples chrétiens. Aussi le monument est-il resté incomplet à cause de la dépense énorme que son achèvement aurait nécessitée.

L'église Saint-Etienne est un édifice d'une importance historique égale à celle de la cathédrale, dont elle est loin, cependant, d'avoir la fière et majestueuse régularité. D'après plusieurs manuscrits des archives de Beauvais, cette basilique fut bâtie par saint Firmin, vers 275, sur le lieu même où ce prélat avait prêché l'Evangile. On y déposa, vers 845, la châsse de saint Vaast, apportée d'Arras ; ces précieuses reliques, reprises vers 850, y furent apportées de nouveau en 881, et y demeurèrent près de quatorze ans. Et maintenant, écoutons la légende, car chaque vieux monument a été témoin de faits merveilleux dont la foi naïve de nos pères nous a conservé le souvenir : « Il arriva, dit le chroniqueur, « qu'une lampe vide fut merveilleusement « remplie d'huile qui ne diminuait point. Dont vint que « les évêques ont, en cette église, pris les huiles, tant « pour le baptême que pour l'extrême-onction. Et il « arriva qu'un des serviteurs des chanoines de l'église « cathédrale estant desbauché fut possédé du malin « esprit, lequel ayant été appréhendé et conduit en « l'église Saint-Etienne, reçut guérison par les prières « de Monsieur saint Vaast. »

Et un autre chroniqueur, abordant les détails, nous

montre le démon sortant du corps du malheureux avec un si grand bruit, que toute la terre en retentit ; puis « furent veües sortir de sa bouche chauves-souris en « plus grand nombre que ne pourroit estre celuy des « essaims de mouches à miel lorsqu'ils sortent de « leurs ruches. » Plus tard, c'est une des murailles de l'édifice dont on craignait la chute et qui, en présence des reliques du saint, fut tout-à-coup redressée et consolidée. Une autre fois, c'est une poutre trop courte qui s'allonge, au grand ébahissement des charpentiers, qui s'évertuaient à chercher un moyen de sortir d'embarras.

Au Xe siècle, l'église tombait en ruines, et l'on jeta vers 997 les fondements de celle qui subsiste aujourd'hui. Considéré dans son ensemble, ce monument présente quatre époques de construction : C'est un singulier mélange d'architecture compliquée, désordonnée, pittoresque, originale, c'est une foule de toits inégaux, une masse de piliers, un assemblage d'arches variées, de tours rondes, carrées, de clochetons, de pyramides, de cintres, d'ogives. On compare le chœur extérieur à un bois de haute futaie, à cause de ses formes aiguës et multipliées. Des escaliers tournants dans les contreforts, et des galeries à jour permettent de circuler autour de l'édifice. Dans une lourde tour qui date de la Renaissance, se trouve la cloche de la commune, fière de ses armoiries, et qui porte gravée sur l'airain l'inscription suivante :

« Je suis la commune nommée de Beauvais. refondue en 1396 par Robert de Croisille, sir Jean de Nointel, lors maire. »

L'émotion s'empare du plus indifférent à la vue de ce bronze qui a tant de fois appelé les bourgeois de Beauvais à la défense des remparts de leur ville, et dont les éclats retentissants ont célébré la défaite des Bourguignons et le triomphe de Jeanne-Hachette.

La plus ancienne collégiale, et l'une des premières églises de la cité, était celle de Saint-Michel, dont il ne reste plus de traces, mais que nous signalons en passant parce qu'on y a longtemps conservé la châsse de sainte Angadrême, qui a joué un rôle important dans le siège de 1472. (1)

Cette église tenait au rempart romain, preuve certaine de sa haute antiquité. Laissons encore parler la légende, qui ne pouvait oublier la sainte dont Beauvais a fait sa patronne et sa protectrice :

Angadrême, abbesse d'Oroër, étant venue faire son oraison dans l'église saint-Michel, et trouvant la lampe éteinte, alla demander du feu à un boulanger voisin. Celui-ci, peu patient de son naturel, et importuné par sa demande, lui jeta brusquement des charbons ardents qu'elle reçut dans ses habits sans qu'ils en fussent brûlés. Le boulanger, effrayé en présence d'un pareil prodige, se jeta aux pieds de l'abbesse et lui demanda d'intercéder pour lui.

C'est cet événement qui fit préférer l'église saint-Michel à la Cathédrale pour y transférer les reliques de la sainte.

La boulangerie banale était au coin de la rue

______

(1) Ce qui restait de ce monument a été démoli en 1810.

Saint-Jean et de la rue de l'Ecu-de-Fer, sur l'emplacement de la maison où l'on voit une statue de sainte Angadrême au-dessus de la porte.

L'évêque, Jean de Bar, avait institué une confrérie de sainte Angadrême en 1471, une année avant le siège mémorable de Beauvais.

Parmi les monuments publics de l'ordre civil, il ne subsiste plus que l'ancien palais épiscopal, devenu aujourd'hui palais de justice. C'est un édifice historique dans toute la rigueur de l'expression. Il a commencé par être le château des comtes de Beauvais avant la réunion de la seigneurie temporelle à la dignité ecclésiastique. Il ne reste de cette époque, c'est-à-dire du XIe siècle, que la tour qui protège la muraille nord-ouest. On sait qu'une deuxième tour semblable s'écroula en 1828. Le gros mur extérieur est posé, comme la tour, sur le rempart romain; mais il ne reste pas autre chose d'apparent, l'édifice ayant été reconstruit en entier, vers le commencement du XVIe siècle, sous l'épiscopat de Louis de Villiers. La chapelle, qui appartenait à l'architecture du XIVe siècle, a été depuis longtemps démolie. Les deux grosses tours qui flanquent l'entrée, et les bâtiments qui les accompagnent, ont été bâtis en 1306 par l'évêque Simon de Nesle, au moyen d'une amende de huit mille livres payée par la ville de Beauvais à la suite d'une émeute pendant laquelle l'évêché avait été pillé.

Le palais épiscopal fut affecté à l'administration départementale depuis 1791 jusqu'en 1826. Les évêques y logèrent dès que le siège eût été rétabli. Ce remarquable édifice a été converti, depuis 1842, en palais de justice.

« Quand l'œil du voyageur se tourne vers la vallée du Thérain, il aperçoit tout-à-coup, auprès de la cathédrale, les cimes altières de ce palais, et cédant à l'attraction, il se détourne du chemin pour lui rendre hommage. Le voyageur se repose avec admiration au pied de ces deux tours énormes âgées de six siècles, percées au premier étage de fenêtres à plein cintre, au second de jours carrés, de meurtrières, et ceintes d'une corniche à filets entre lesquels se posent des bouquets de feuilles.... Combien l'esprit et le cœur aiment à rêver en présence de ces forteresses, frappées du regard de tant de générations, témoins de tant d'évènements ; et qu'il est profitable d'écouter, dans le silence de la pensée, tout ce qu'elles racontent des choses d'autrefois. » (I)

Louvet écrit qu'en 1594, un homme de haute taille, aux longs cheveux roux, à la barbe épaisse, portant des chausses à la marine, s'arrêta au pied de ces tours, et dit aux enfants réunis autour de lui qu'il s'appelait Ashvérus, qu'il était cordonnier, et qu'il avait assisté à la passion de Jésus-Christ.

Louvet ne pouvait donner un cadre plus digne d'elle à la légende du Juif-Errant.

Les prisons de ce palais recélaient de terribles cachots. C'est à l'aide d'une poulie qu'on y descendait le malheureux qui n'en sortait presque jamais. Dans cet af-

____

(1) Beauvais, par M. F. D.

freux séjour, Jean Régnier d'Auxerre, officier de Charles de Bourgogne, composa le *Discours de ses adversités* :

> « A Beauvais droict devant Saint-Pierre
> « Où je suis enfermé en pierre,
> « En grand douleur, en grand servage, etc. »

« Que n'endurait-il pas, le malheureux, aux prises avec la faim, le froid, le désespoir; avec cette mort lente, solitaire, à laquelle on le rivait dans ces affreux sépulcres. »

La place de la cathédrale sur laquelle donne l'entrée du palais présente une réunion extrêmement remarquable de monuments. C'est d'abord la Basse-Œuvre de l'époque gallo-romaine, le magnifique transept méridional de Saint-Pierre, les tours du palais du XIVe siècle; puis les arcades romanes du premier palais épiscopal, et des maisons en encorbellement du XVe siècle. Les autres édifices sont des constructions modernes.

L'Hôtel-de-Ville de Beauvais date de 1753; la première pierre en fut posée le 30 avril par l'évêque Potier de Gesvres, sous la mairie de M. Bucquet. Ce monument est l'œuvre de l'architecte Bayeux. Il fut restauré en 1857, et le maire, alors en exercice, y fit graver les noms de tous ses prédécesseurs depuis l'an 1100.

L'Hôtel-de-Ville renferme une riche bibliothèque, un beau tableau rappelant l'héroïsme de Jeanne-Hachette, et le vieux drapeau que cette courageuse jeune femme arracha aux Bourguignons.

Cette bannière séculaire, consacrée comme une relique de gloire, est en toile blanche fleuronnée, exécutée en double œuvre, et ne porte aucune broderie. Les ornements, figures et armoiries sont peints et dorés sur le tissu. Tous ces ornements, très solides, ont résisté à l'action destructive du temps; mais, le fond était si fort usé qu'on a dû le remplacer.

Cet étendard, dont les détails prouvent l'origine bour-

Étendard conquit par Jeanne Hachette.

guignonne, devait avoir la forme d'un long pennon, avec une ou deux pointes effilées, suivant la coutume de l'époque. Il portait en caractères gothiques dorés, le mot Burgundia, dont on n'aperçoit plus que les premières lettres. Deux arquebuses croisées et entourées de flammèches rappellent que le collier de la Toison d'Or portait des doubles fusils et des pierres à feu jetant des flammes avec ces mots : *Ante ferit quam flamma micat,* c'est-à-dire : Il frappe avant que la flamme ne brille.

A côté de Saint Laurent, vêtu d'une tunique d'or doublée d'azur et tenant son gril, se lit la célèbre devise de Charles-le-Téméraire : *Je l'ai emprins.* (Je l'ai entrepris.)

Auprès de la hampe se trouvent deux écussons superposés : Celui de la partie supérieure est surmonté d'un bonnet ducal en forme de mortier, signe caractéristique de la dignité d'électeur de l'empire. Il est entouré d'un collier de la Toison-d'Or, et porte une aigle éployée de sable en champ d'argent, avec un écu écartelé de France et de Castille. L'écusson inférieur, porte d'argent au lion de gueule ou de pourpre, couronné d'or, et est probablement l'écusson de Luxembourg.

Quant à la présence de saint Laurent, on ne peut l'expliquer qu'en supposant qu'il était le patron de la Commune à laquelle appartenait cet étendard. Le culte de ce saint était, du reste, très populaire en Bourgogne.

La valeur historique de cet antique trophée dont la ville de Beauvais est fière à si juste titre, me fera pardonner cette digression héraldique.

C'était bien une précieuse relique, en effet, cet étendard aux blasons orgueilleux, que Jeanne Hachette a arraché, il y a plus de quatre siècles, des mains de l'ennemi de son pays. En sa présence, on est envahi par un monde de patriotiques pensées. On revoit l'héroïne l'œil en feu, les cheveux en désordre, entraînant sur les remparts ses compagnes indécises, brandissant d'un bras nerveux la hachette redoutable, fendant les crânes bourguignons, et forçant à reculer Charles-le-Téméraire, avec une armée de 80,000 combattants !

Beauvais fut toujours comprise au nombre des bonnes villes à cause, dit-on, de l'institution de la commune, qui mettait la cité sous la protection spéciale de l'autorité royale; c'est à ce titre qu'elle avait le droit d'offrir, le premier jour de l'an, un mouton au roi. Ce n'était pas, comme on l'a prétendu, un hommage de vassalité ; c'était, au contraire, une prérogative constatant ses libertés communales.

Les armoiries de la ville sont de gueules, au pal d'argent, avec la légende ajoutée, croit-on, par ordre de Louis XI, en mémoire du siège de 1472 :

« Palus ut hic fixus, con tans et firma manebo;
« Gens burgunda ferox, anglaque testis erit. »

Les armes du châtelain, confondues quelquefois avec celles de la ville, étaient d'argent à une croix de sable chargée de cinq coquilles d'or.

Les historiens affirment que la ville de Beauvais conserva le privilège de cité romaine, c'est-à-dire le droit de nommer ses magistrats et de se gouverner elle-même ; et en effet, les chartes concédées par les rois supposent l'existence antérieure d'une organisation municipale et parlent de la pairie communale, non pour la créer, mais pour spécifier quelques-uns de ses droits. Les rois francs donnèrent à l'évêque la seigneurie directe et foncière de la ville, ce qui entraînait l'exercice de la justice et de la police, pouvoir déjà considérable, qui s'accrut outre mesure lorsque le comté eût été réuni au siège épiscopal.

Après une lutte continuelle de près d'un siècle, les habitants recoururent à l'autorité royale, et ils obtinrent de Louis-le-Gros le premier acte qui ait constitué la Commune, c'est-à-dire qui ait lié les citoyens entre eux au moyen d'obligations réciproques et de droits exercés collectivement. Cette charte datée, dit-on, de 1122, est perdue, mais on en retrouve le texte, en grande partie, dans la charte de confirmation donnée à Paris en 1144, par Louis-le-Jeune, dans celle de Philippe-Auguste datée de Fontainebleau en 1182, et dans les lettres de Charles VI, de juin 1394.

Elle astreignait les habitants à jurer la commune, serment qui conférait le titre de *communiers*, c'est-à-dire de citoyens qui deviendront plus tard des *bourgeois*. Elle les obligeait à se secourir mutuellement ; elle établissait les droits de justice, interdisait, sous peine de parjure, de prêter de l'argent aux ennemis de la commune, astreignait les pairs à jurer de faire bonne justice, et les communiers à faire le serment d'exécuter leurs décisions. Elle contenait, en un mot, les premiers traits de ce qu'on appelle aujourd'hui la police municipale. La charte de Philippe-Auguste ajoute qu'il sera élu treize pairs, parmi lesquels on choisira un ou deux maires.

Cette concession devint une cause continuelle de troubles entre l'évêque et la ville. L'évêché gouverné quelquefois par des princes, par des prélats guerriers ou des personnages puissants dans l'Etat, (1) n'accepta jamais complètement l'existence indépendante de la commune, et les habitants, souvent opprimés par les officiers du comté, mal soutenus par le roi, puisèrent dans leur droit un esprit de résistance et de lutte qui fut, en certaines occasions, poussé jusqu'aux dernières limites.

Le mode d'élection, qui subit avec le temps plusieurs changements, est réglé dans des lettres patentes données à la Roche-au-Duc, au mois de juillet 1472, confirmées à Beaugency au mois de novembre 1483.

L'élection avait lieu chaque année le premier août ; les bourgeois étaient appelés au son de la cloche, mais les maîtres des métiers seuls prenaient part au scrutin. L'assemblée des métiers élisait le maire, les pairs, les conseillers qui étaient des officiers municipaux d'un ordre inférieur, le procureur et l'avocat de la commune, le maître des forteresses. Tous les élus devaient être « communiers ». Les pairs devaient, de plus, avoir pignon sur rue, c'est-à-dire posséder une maison, et le maire devait en outre être né dans la ville et avoir déjà exercé la pairie.

Le bourgeois nommé maire pouvait, la première fois, refuser cette charge ; mais, si les habitants persistaient à lui donner leurs voix, il était tenu d'accepter au troisième tour de scrutin, sous peine d'une amende de deux cents livres.

---

(1) L'évêque de Beauvais était le troisième des pairs ecclésiastiques ; il tenait le manteau royal à la cérémonie du sacre.

L'élection et l'installation du maire avaient lieu dans le cimetière de Saint-Etienne, où existait une tribune en pierre adossée contre le transept nord de l'église ; la cloche de la Commune était au clocher de ce même édifice.

L'installation avait lieu avec pompe. A l'origine, on en écartait soigneusement l'évêque-comte et les officiers royaux ; mais, dans la suite, l'usage tout contraire s'introduisit, et c'était le prélat qui présidait la cérémonie.

Complétons cette courte notice par quelques mots sur l'aspect du pays :

On y trouve la variété et les accidents de paysage que déterminent partout les mouvements de terrain dans une étendue restreinte. L'aspect général est celui d'une contrée riche par sa culture ; mais il est plutôt sérieux, plutôt heurté dans ses effets que gracieux ou pittoresque. Les plateaux ont des horizons assez étendus ; c'est ainsi que des collines de Saint Jean, l'œil atteint la trouée de Nourard vers l'est, les hauteurs de la forêt de Hez et de Sainte-Geneviève, la grande falaise du Bray.

« En quittant Beauvais, pour se rendre à Rouen, dit Cambry, l'œil est arrêté sur la gauche par une montagne à pic (Saint Jean) que l'active industrie des hommes essaie de cultiver ; les terrains bas et trop humides qu'on a sur la droite sont couverts d'arbres fruitiers de toute espèce ; les bords de l'Avelon offrent des promenades délicieuses. A mesure qu'on s'élève sur la montagne, le riant village de Goincourt, les sauvages bâtiments de la manufacture de vitriol, le village du Marais, les bois du Belloy se déploient à vos yeux ; ce superbe point de vue est encore terminé par la montagne du Point-du-Jour, qu'un long rideau de la route de Rouen coupe dans sa largeur et par les enfoncements vaporeux de la vallée du Bray.

« La route de Paris est riche d'aspect et variée de formes. Outre le grand tableau que présente sur la gauche la vallée de Voisinlieu et de Villers, et le vaste amphithéâtre qui s'élève de Marissel et de Therdonne jusqu'à la ligne de Tillé et de Laversines ; outre ces monts, qui se croisent à l'horizon derrière Bourguillemont, vous avez sur la droite le bois et la vallée d'Alonne, le bois de Warluis et des vallons délicieux.

« La route de Calais traverse les villages de Duthil, de Villers, en laissant sur la gauche le joli paysage de Miauroy. Le commencement de la route est formé de vallons et de monticules qui laissent apercevoir toutes les variétés de la vallée de Saint-Lucien, de jolies habitations champêtres, riches de pâturages et de vergers délicieusement ombragés. Les alentours de Villers, espèce de labyrinthe, sont un des lieux les plus tranquilles, les plus fleuris et les plus frais qu'on puisse parcourir dans les jours ardents de l'été. A la ferme du bois, avant la descente qui conduit à la plaine de Troissereux, vous découvrez un vaste bassin, formé par le prolongement de la montagne de Montmille, et les bois qui couronnent la fin du coteau de Villers ; cette vue étendue est embellie par les contours du Thérain, qui serpente dans la prairie, par de belles maisons, et par des bosquets agréablement disposés. » (1)

On doit ajouter à ce tableau, vrai au fond, mais dont les détails sont un peu embellis par l'imagination de l'écrivain, que les coteaux de Savignies ne découvrent pas un paysage aussi grandiose que leur exhaussement au-dessus du plateau commun pourrait le faire supposer. Le rayon est un peu plus prolongé vers le nord et vers l'est où la vue atteint les cantons de Grandvilliers, de Crèvecœur, de Froissy. On découvre la cathédrale de Beauvais, dans le lointain, par-dessus le bois du Parc. Mais au midi, l'œil est arrêté par la falaise méridionale du Bray, dont l'égalité de niveau forme une barrière infranchissable. Les pentes rapides des collines, les ravins plongeant en ligne droite jusque dans la vallée, les bois couvrant les hauteurs, la présence des friches dénudées, impriment à cette contrée un aspect sauvage et comme subalpin auquel aucune autre vue, dans le département de l'Oise, ne saurait être comparée. (2)

(1) Description du département de l'Oise, T. 1.

(2) Précis statistique (1851.)

BEAUVAIS ET LE BEAUVAISIS

COUP D'ŒIL HISTORIQUE JUSQU'A L'ANNÉE 1472

Beauvais était la capitale de la cité des Bellovaques, l'une des plus considérables de la Gaule. Cette cité a donné naissance au diocèse de Beauvais ; cependant elle s'étendait bien au-delà de cet évêché et comprenait une partie du diocèse de Senlis. César lui imposa pour limite méridionale le cours de la Seine, et il est probable que le territoire de Pontoise, avec une partie du Vexin, en dépendaient.

On ne sait rien de positif sur les Bellovaques avant la venue des Romains dans les Gaules. Les Commentaires de César les représentent comme nombreux et puissants. Du reste, les conquérants purent apprécier leur vaillance puisque, pendant douze années, ils soutinrent contre eux une lutte qui fut une alternative incessante de soumissions et de révoltes. Vaincus une dernière fois vers l'an 46 avant Jésus-Christ, ils acceptèrent enfin la domination de l'étranger.

La cité des Bellovaques fut, comme les autres provinces conquises, divisée en circonscriptions secondaires ou districts. Les historiens indiquent cinq divisions principales parmi lesquelles le Pays de Beauvais (*Pagus Bellovacensis*), circonscrit entre les quatre autres, constitua le Beauvaisis proprement dit.

Le chef-lieu devint, sous l'administration romaine, une ville considérable pour l'époque et qui prit le nom de *Cæsaromagus* (ville ou maison de César).

La ville de Beauvais fut au nombre des quarante-neuf cités qui, pendant le quatrième et le cinquième siécle, formèrent la grande confédération dite *armoricaine* dont le but était de résister à l'autorité déjà chancelante de l'empire romain.

Vers l'année 434, elle tomba au pouvoir des Francs, conduits par Clodion, et quelques historiens prétendent qu'elle a été incendiée par Attila. Childéric s'en empara vers 471, en même temps que des autres villes de la Picardie; et, après la mort de Clovis, le territoire de Beauvais échut en partage à Chilpéric 1er.

Depuis cette époque, jusqu'au règne de Charles-le-Chauve, l'histoire ne relate aucun fait particulier à la ville. Le fils de Charlemagne la traversa en se rendant à Langres, à la rencontre de son frère, le roi de Bavière.

Mais déjà les Normands, remontant la Seine, commettaient d'affreuses exactions dans le pays; en 845, Beauvais ne se racheta du pillage qu'au prix d'une forte rançon. Cinq ans plus tard, une nouvelle invasion des Scandinaves eut pour résultat l'incendie de la ville; et en 859 ces barbares, recommençant leurs sanglants exploits, ravagèrent tout le pays et massacrèrent l'évêque Hermenfride.

Les incursions des hommes du Nord se continuèrent pendant le cours des IXe et Xe siècles, et ces désastres périodiques se reproduisirent jusqu'au traité de Saint-Clair-sur-Epte, en 911.

Le commencement du XIe siècle fut marqué par plusieurs incendies dont l'un détruisit la plus grande partie de la ville.

L'année 1015 vit se produire un événement dont les conséquences devaient être considérables pour l'histoire locale : C'est l'union du comté de Beauvais à l'évêché.

Roger de Champagne, évêque de Beauvais, avait obtenu, par droit de succession le comté de Sancerre, tandis que le comté de Beauvais était échu à son frère, Eudes. Les deux frères firent un échange, et Roger transféra la propriété de son nouveau comté à l'évêché pour être possédé par lui et tous ses successeurs à perpétuité.

Cet échange fit naître des méfiances dans l'esprit de la population et détermina dans la suite des luttes, tantôt ouvertes, tantôt cachées, entre l'autorité épiscopale et la ville.

Louis le Gros était à Beauvais en 1115 et datait de cette ville une charte réglant les droits du châtelain.

Vers la même époque commencèrent, entre la France et l'Angleterre, les différends qui durèrent jusqu'au XVe siècle et pendant lesquels le Beauvaisis devint le siège de guerres incessantes.

Le pape Innocent II, réfugié en France à l'occasion du schisme de Pierre de Léon, fut reçu à Beauvais avec

de grands honneurs, dans le courant de l'année 1131.
Il y data, du treize des calendes de juin, une bulle
portant confirmation du don que le roi d'Angleterre
avait fait à l'église de Cluny de cent marcs d'argent à
prendre sur le *tonlieu* des toiles de Londres et de Lincoln.

En 1144, Louis-le-Jeune avait confirmé à Beauvais
la commune octroyée, croit-on, précédemment par
Louis-le-Gros. Aussitôt des difficultés surgirent entre
l'évêque et la ville relativement à la portée de cet
acte, en ce qui concernait l'exercice de la justice, et
elles devinrent si vives, que le roi, en personne, se vit
dans la nécessité de se rendre à Beauvais, en 1151,
pour juger le différend. La décision ayant été favorable au prélat, une sédition éclata contre l'autorité épiscopale ; mais cette révolte fut préjudiciable aux habitants qui se virent, pendant quelque temps, supprimer
le droit de commune.

Les historiens signalent, dans l'année 1180, ainsi que
nous l'avons déjà mentionné, une destruction presque
complète de la ville par un immense incendie.

De nouvelles difficultés étant survenues entre l'évêque et la commune reconstituée, Philippe-Auguste
vint à Beauvais en 1202 pour interposer son autorité.

La suite des faits historiques spéciaux à la ville ne
comprend guère que des discussions interminables avec
l'autorité épiscopale, et les vicissitudes des guerres
dont le Beauvaisis fut le théâtre.

Des contestations étant survenues en 1232 entre les
changeurs, nombreux et puissants dans la ville, et les
habitants ou « communiers » sur l'élection d'un maire.

le roi crut trancher la difficulté en appelant à la mairie un bourgeois de Senlis.

La sédition devint si forte que le nouveau maire et « les pairs » furent assiégés dans leurs maisons auxquelles on mit le feu, et que près de cinquante personnes périrent ou furent blessées dans le tumulte.

Le roi s'étant rendu en personne à Beauvais pour connaître de l'affaire y fut accueilli par les protestations de l'évêque, Miles de Nanteuil, qui se prétendait seul juge du cas, comme seigneur temporel. Le monarque ne tint pas compte de ses protestations; il bannit les auteurs de la révolte et fit démolir leurs maisons. Mais l'évêque prit sa revanche en excommuniant le maire, les échevins et les officiers du roi. Cette affaire donna lieu à six conciles provinciaux et à l'interdit du diocèse; alors le prélat, effrayé de la fermeté de Saint Louis, s'enfuit à Rome où il mourut en 1234. L'interdit ne fut levé qu'en 1239 sous l'épiscopat de Robert de Cressonsacq.

D'autres démêlés se produisirent en 1265, entre le chapitre de la cathédrale et la commune, à l'occasion du droit de justice. L'évêque Guillaume de Gretz jeta de nouveau l'interdit sur la ville et les faubourgs, et cette affaire devint si sérieuse que Saint Louis jugea sa présence nécessaire. Il se rendit à Beauvais pendant les fêtes de Noël. Le prélat voulut bien, par déférence pour la présence royale, suspendre l'interdiction pendant tout le temps qu'il plairait au roi de séjourner à Beauvais, mais le débat ne cessa complètement que deux ans plus tard, à la mort de l'évêque.

De nouvelles difficultés surgirent sous l'épiscopat de Renaud de Nanteuil. « Il voulut, dit Louvet, suivre « les mesmes traces de ses prédécesseurs, quereler et « défendre les droits de son Eglise. Cause pourquoy, « comme il fut arrivé en l'an 1273, quelque remue- « ment en la ville de Beauvais, à cause duquel les « maires et pairs eussent mis, suivant la coustume « introduite de toute ancienneté, gardes et sentinelles « ès portes et forteresses, tant de la cité que de la ville, « pour la conservation d'icelle, ledit évesque les aurait « fait lever et mettre d'autres en leurs places : mais il « s'ensuivit esmotion du peuple qui lui osta la force. » De rechef, la ville et les faubourgs subirent l'interdit. Cette querelle s'envenima pendant deux années au bout desquelles Philippe-le-Hardi nomma trois commissaires pour concilier les adversaires. Ces commissaires ame- nèrent un accord qu'ils appelèrent, dit encore Louvet, « la grande composition, au lieu de la grande confu- « sion, dont il devoit estre plustost dénommé par les « parties, ainsi qu'il se recognoistra par les événe- « ments. »

En effet, deux années ne s'étaient pas écoulées que les contestations se réveillèrent à l'occasion du droit de l'évêque à prendre les chevaux des bourgeois pour son service. Un arrêt contre les habitants intervint au Parlement de la Toussaint 1279.

L'année suivante, c'est entre l'évêque et le chapitre que des difficultés surgirent ; ces débats, d'un nouveau genre, eurent pour conséquence la cessation des offices dans la cathédrale.

Nous n'en finirions pas, si nous voulions énumérer les contestations qui ne cessent de se produire entre la commune et l'évêque, presque toujours à l'occasion de l'exercice de la justice.

Le droit de banalité, dont le prélat jouissait comme seigneur, souleva, dès le commencement du quatorzième siècle, une lutte acharnée entre les deux pouvoirs. Elle devint si vive qu'en 1305 le peuple s'empara du palais épiscopal, y mit le feu, pilla les caves, les appartements, la chapelle, massacra les officiers et les serviteurs de l'évêque.

Contraint de s'enfuir par les jardins, le prélat irrité revint bientôt avec une troupe dévouée qui exerça de cruelles représailles. Les bourgeois furent excommuniés, et ce ne fut pas sans difficulté qu'on parvint à rétablir la paix au moyen d'un arbitrage.

Cette fois encore la commune fut condamnée : Elle dut demander pardon à l'évêque Simon de Clermont, rétablir ses meubles, lui offrir une statue en argent de la sainte Vierge, et payer une amende de huit mille livres parisis, au moyen de laquelle on construisit les deux grosses tours destinées à défendre l'entrée de l'ancien palais.

Ainsi se termina cette malheureuse affaire dont les deux tours ont perpétué à travers les âges le triste souvenir.

A partir de cette époque, l'ordre public n'éprouva plus de sérieuses atteintes. Si de nouvelles contestations eurent lieu, ce fut toujours en s'affaiblissant de plus en plus, et l'intervention régulière de la justice suffit constamment à les réprimer.

En 1346, l'orage qui depuis longtemps grondait finit par éclater sur la France. Le roi d'Angleterre débarque à Harfleur avec une armée et se dirige vers Paris en mettant tout à feu et à sang. Dans tout le pays des décombres fumants indiquent ce qu'Édouard III prépare de maux à la France. Arrêtés dans leur marche incendiaire, par des forces qui s'avancent à leur rencontre, les envahisseurs se tournent vers le Beauvaisis qu'ils couvrent de ruines. « Les deux maréchaux « de l'Ost, dit Froissart, passèrent si près de la cité de « Beauvais qu'ils ne purent tenir qu'ils n'allassent as- « saillir et escarmoucher à ceux des barrières ; et par- « tirent leurs gens en trois batailles, et assaillirent à « trois portes, et dura cet assaut jusqu'à remontée; « mais petit y gagnèrent, car la cité de Beauvais est « forte et bien fermée, et était adonc gardée de bonnes « gens d'armes et de bons arbalêtriers, et si y étoit « l'évesque dont la besongne en valoit mieux. Quand « les Anglais apperçurent qu'ils n'y pouvoient rien « conquester, ils s'en partirent, mais ils ardèrent tous « les faux-bourgs rez à rez des portes. »

Ce n'était encore là que le prélude des maux qui allaient fondre sur la France. Ce combat avait eu lieu le vingt-trois août. Trois jours après, à la tête d'une armée de près de cent mille hommes, Philippe de Valois livra bataille aux Anglais dans les plaines de Crécy. La bouillante impétuosité des Français leur attira le revers le plus accablant qu'ils eussent encore essuyé :

les Anglais, quoique bien inférieurs en nombre, les mirent en fuite et leur causèrent des pertes incalculables.

Une fâcheuse circonstance vint ajouter au désastre de cette défaite : La commune de Beauvais, commandée par Jean de Vienne, s'était mise en route avec celle de Rouen pour se joindre à l'armée royale. Elles arrivent dans les environs de Crécy, le lendemain de la bataille, et s'avancent avec confiance au milieu des Anglais, qu'un épais brouillard les empêche de reconnaître : Elles sont aussitôt attaquées avec tant de fureur qu'il n'échappa que quelques chevaliers pour raconter ce triste événement.

Les mémoires de l'époque rapportent qu'il y eut plus de sept mille cadavres étendus sur le chemin, le long des haies et derrière les buissons.

L'insurrection, si connue sous le nom de *Jacquerie du Beauvaisis*, n'atteignit pas directement la ville de Beauvais, mais causa le pillage et la ruine de tous les lieux voisins.

La noblesse de ce temps, dit l'historien du Valois, s'étudiait à molester les habitants des campagnes, comme pour leur faire expier la perte de la bataille de Poitiers : Elle affichait un luxe effréné en même temps qu'elle opprimait les artisans et les laboureurs, ajoutant aux mauvais traitements d'insultantes plaisanteries et ne désignant que par le nom de *Jacques-Bonhomme* ceux qu'elle prenait plaisir à maltraiter : Elle ne tarda pas à porter la peine de ces coupables provocations.

Les paysans, poussés à bout, relevèrent fièrement le gant, et transformant en mot d'ordre le nom par lequel on insultait à leur condition, entreprirent de prouver que la *Jacquerie* était capable d'inspirer la terreur aux plus vaillants chevaliers.

Les habitants du Beauvaisis, à l'âme fière, à la tête ardente, furent les premiers à donner le signal de cette brusque insurrection qui les rendit si tristement célèbres.

Simon Doublet de Grandvilliers, Jean Oursel de Pont-Sainte-Maxence, Philippe-le-Bosquillon d'Avrigny, le Grand Féret de Rivecourt, Guillaume Caillet, et d'autres paysans déterminés organisent des compagnies armées de toutes pièces, et vont porter l'incendie et la mort dans tous les manoirs seigneuriaux de la province.

Rapide comme l'éclair, la Jacquerie soulève instantanément les populations les plus éloignées les unes des autres, et la plupart des villages de la vallée de l'Oise s'arment contre les châteaux et marchent contre la noblesse. Ils élisent pour roi un paysan des environs de Clermont qu'ils nomment *Jacques-Bonhomme*, exécutent ses ordres et se répandent dans toutes les directions pour donner un libre cours à leur aveugle fureur.

Mais tout effrayant qu'était ce soulèvement populaire, il y avait quelque chose de plus effrayant encore : C'était la domination anglaise qui lançait ses armées à travers la France humiliée et arborait partout ses étendards victorieux. Les Beauvaisins, qui avaient horreur de l'étranger, se montrèrent décidés à s'ensevelir sous les ruines de leur ville plutôt que d'en ouvrir les portes. Ils se réunissent en assemblée générale, à l'Hôtel-de-Ville, le 10 août 1357, et se concertent pour mettre la place en état d'opposer la plus vigoureuse résistance. L'abbaye de Saint-Symphorien qui dominait la ville au sud leur parut un voisinage dangereux, parce que, située en dehors de la ligne des fortifications, elle pouvait servir de forteresse à l'ennemi qui les accablerait de cette position élevée.

Il fut donc décidé que ce monastère serait incessamment détruit : Mais, tel était le respect qu'inspirait cet asile de la piété, que parmi la population de Beauvais, il ne se trouva personne qui voulût exécuter cette décision. On se vit dans la nécessité d'avoir recours à deux criminels condamnés au dernier supplice, encore fallut-il leur promettre leur grâce pour les déterminer à se charger de cette œuvre de destruction. Ils mirent le feu au monastère le 14 septembre 1357.

Le Dauphin ne tarda pas à prescrire, pour la sûreté du royaume, une mesure analogue à celle que les habitants de Beauvais venaient d'exécuter : Sur son ordre, toutes les places-fortes susceptibles d'être facilement défendues furent réparées ; les autres furent rasées.

Toutes ces mesures, prises contre les Anglais, avaient en même temps pour but de protéger le pays contre les horribles excès de la Jacquerie. Ces hordes indisciplinées avaient pris goût au pillage et s'étaient répandues dans les provinces comme une lave brûlante, ne laissant partout derrière elles que des ruines. Mais, comme elles s'en prenaient indistinctement à tous les partis, on organisa contre elles une sorte de battue générale qui en purgea le pays. Tandis que 7,000 Jacques étaient écrasés à Meaux par le captal de Buch, le roi de Navarre, allié des Anglais, faisait trancher la tête à Guillaume Caillet dont il avait dispersé la bande, et le dauphin achevait de dissiper ce qui en restait encore dans le Beauvaisis. La bande de Bosquillon tenta de se rendre maîtresse de Clermont. Les chevaliers qui défendaient la ville fondirent sur ces audacieux agresseurs, les immolèrent impitoyablement et livrèrent aux flammes le village d'Avrigny qui avait donné naissance au Bosquillon ; la population réfugiée dans les bois y périt en grande partie de faim et de misère.

Une amnistie que le dauphin fit publier en faveur de ceux qui, dans un délai fixé, déposeraient les armes et feraient leur soumission, porta le dernier coup à la Jacquerie. Les chefs qui guerroyaient encore profitèrent de ce moyen de salut ; ils obtinrent des lettres de grâces, et on les vit tourner contre les Anglais la farouche énergie qu'ils avaient déployée contre leurs compatriotes. L'un des plus redoutables, le grand Féret, fit plus d'une fois sentir aux ennemis de la France le poids de sa lourde hache qui brisait les casques, fendait les têtes ou coupait les bras ; et l'histoire, oubliant les méfaits du paysan révolté, a voulu surtout retenir l'intrépidité patriotique de ce héros obscur du XIV° siècle.

En 1364, année de son élévation au trône, Charles V vint à Beauvais. Les campagnes étaient encore infestées de pillards et de malfaiteurs, comme il arrive à la suite des guerres civiles, et la ville se vit dans l'obligation de traiter avec des voleurs de grands chemins, Ballastre, Brocourt et Fresnel, brigands redoutés, qui détroussaient les marchands à leur sortie de Beauvais et qui peut-être ne se seraient pas fait faute d'attaquer le cortège royal. On leur donna deux cent cinquante florins d'or et des lettres de rémission.

Le roi Charles et la reine Isabeau de Bavière assistaient, le 7 octobre 1387, à l'entrée solennelle de Guillaume de Vienne, — nommé évêque de Beauvais, — dans sa ville épiscopale.

Le roi, qui n'était venu à Beauvais que pour quelques jours, fut contraint d'y demeurer jusqu'à Pâques de l'année suivante par suite d'une maladie qui inspira les plus vives inquiétudes.

On sait comment, au mois d'août 1392, le malheureux monarque fut frappé de folie dans la forêt du Mans. On le conduisit au château de Creil-sur-Oise, où lui furent prodigués tous les soins que réclamait sa triste situation.

Le XVe siècle vit naître la guerre des maisons d'Orléans et de Bourgogne, lutte impie qui couvrit de ruines tout le Beauvaisis. La ville de Beauvais y demeura d'abord étrangère, mais elle accrut ses fortifications et ses moyens de défense, appréhendant, non sans motif, les conséquences de la lutte qui éclatait autour d'elle. Le roi, pour la dédommager de ses sacrifices et reconnaître sa fidélité, lui accorda, en 1410, une exemption de ban et arrière-ban. Cependant, le parti des Bourguignons s'étendait en Picardie. Le roi adressa, le 10 août 1413, des lettres portant interdiction de donner passage aux troupes ; et, le 19 février 1414, il publia un manifeste faisant défense d'assister le duc de Bourgogne, qui s'était emparé de Compiègne, Soissons et autres villes. L'armée royale marche contre les Bourguignons, qui avaient appelé les Anglais à leur secours ; 40,000 insulaires débarquent sur les côtes de Normandie au mois d'août 1415, et quelques jours plus tard, la valeur inconsidérée de la noblesse française amenait à Azincourt un désastre comparable à ceux de Courtrai, Crécy et Poitiers.

Après ce nouvel échec, il ne restait plus qu'à se renfermer derrière les remparts des villes afin d'arrêter, s'il était possible, la marche de l'ennemi victorieux. La ville de Beauvais, dont les murailles et les fortifications avaient été depuis quelque temps négligées, songea l'une des premières à se mettre en état de défense.

Aux fêtes de Pâques 1416, l'empereur Sigismond, qui s'était offert comme médiateur entre la France et l'Angleterre, vint à Beauvais, où il fut reçu par l'évêque Bernard de Chevenon, et par l'archevêque de Reims, Renaud de Chartres. Cette démarche n'eut pour la France aucun résultat satisfaisant ; on a prétendu même que le roi d'Angleterre était parvenu à mettre l'empereur dans ses intérêts ; et ce prince a été accusé d'avoir été, de parti pris, défavorable aux Français.

Le royaume se trouvait dans une situation épouvantable : la discorde et l'anarchie étaient partout. Le duc de Bourgogne, ligué avec la reine et le roi d'Angleterre contre Charles VI et le dauphin, poussait le peuple à la révolte et mettait tout en œuvre pour l'attirer dans son parti. A entendre Jean-sans-Peur, il n'avait en vue que le bien public ; il ne visait qu'à tirer le roi de l'oppression et à lui rendre la liberté afin qu'il pût supprimer les impôts que des conseillers avides l'obligeaient à maintenir malgré lui. Il envoyait partout des émissaires qui faisaient valoir la pureté de ses intentions et la droiture de ses vues. C'est pour cela qu'il dirigea vers Beauvais les seigneurs de Fosseuse, de Poix, de Saveuse et de Rambures, avec Robert Lejeune, son conseiller. Ces émissaires provoquèrent une assemblée communale et s'insinuèrent si bien dans l'esprit des Beauvaisins qu'ils les déterminèrent à embrasser la cause du duc de Bourgogne et à le recevoir dans leurs murs.

Le rusé duc entra bientôt dans la ville à la tête d'une nombreuse et brillante armée. Salué comme le sauveur de la patrie, il fut et reçu au milieu des transports de la joie la plus vive. Pendant qu'il s'installait au palais épiscopal, ses troupes étaient logées partie dans l'intérieur de la place, partie dans les villages voisins, dont les habitants, qui ne voulaient pas rester en arrière de ceux de Beauvais, s'étaient empressés d'envoyer des députations à ce prétendu protecteur. Tout paraissait aller au mieux, et les Beauvaisins s'applaudissaient d'avoir ramené en France les beaux jours de l'âge d'or. Mais bientôt ces jours brillants devinrent singulièrement nébuleux. Les troupes entassées dans la ville donnèrent naissance à une maladie épidémique qui fit d'affreux ravages, et le bon duc Jean-sans-Peur, qui n'avait pris les armes que pour abolir les impôts, s'empressa de décréter qu'on devait lui offrir une somme considérable à titre de *don gratuit*, et cela dans les huit jours à dater du 13 octobre. Les autres villes du Beauvaisis furent sommées d'avoir à verser leur quote-part de ce *don gratuit*, et les capitaines Bourguignons avaient ordre d'aller à la tête de leurs troupes recevoir cette *offrande volontaire*. Partout les maisons furent pillées, les églises dévastées, l'argenterie et les ornements enlevés. Quelques jours plus tard, et toujours dans l'intérêt du bien public, le duc entrait à Paris, se rendait maître de la personne du roi et prenait en main l'administration du royaume. Le dauphin était parvenu heureusement à s'échapper.

Pendant que la France était ainsi déchirée par la guerre civile, une nouvelle armée anglaise débarquait sur le continent et marchait sur Rouen dont elle fit le siège. Charles VI, la reine Isabeau et le duc de Bourgogne se rendirent à Beauvais et y donnèrent rendez-vous à la noblesse de la province pour se porter au secours de Rouen. « Vinrent à grande puissance, dit
« Monstrelet, les seigneurs de Picardie et autres sous
« eux qui avaient accoustumé de porter les armes; et
« en furent les pays où ils passèrent et séjournèrent
« moult travaillés. Et adonc le roi, la reine et le duc
« de Bourgogne, à tout leur état, de Pontoise vinrent
« à Beauvais afin d'avoir vivres plus abondamment. »
Mais on ne put rien faire pour Rouen que la famine

for ça de capituler après une héroïque résistance de sept

Portail de la Cathédrale de Beauvais (page 17).

mois. Dès lors, rien n'arrêtait la marche de l'armée anglaise, et le pays fut encore une fois couvert de ruines.

Les années suivantes se passèrent en luttes perpétuelles, en combats avec chances diverses entre les partis qui infestaient la contrée, portant de toutes parts la désolation. Il n'y avait aucune sûreté en dehors des murs, et l'évêque Cauchon, installé le 12 janvier 1420, fut obligé d'arriver par la porte de Paris, au lieu de faire son entrée par la porte de l'Hôtel-Dieu, selon l'usage immémorial.

Charles VI vint à Beauvais en 1422, toujours avec la reine et le duc de Bourgogne. La ville lui fit présent, entre autres choses, de vingt-deux mines d'avoine valant quarante-quatre livres parisis, ce qui était près de huit fois la valeur ordinaire; mais la misère était alors épouvantable ; toutes les récoltes avaient été détruites par les coureurs armés.

Charles VI étant mort au mois d'octobre, le roi d'Angleterre, Henri V, prit le titre de roi de France, et la ville de Beauvais, dirigée par son indigne évêque, s'empressa de reconnaître son autorité.

Toutefois, hâtons-nous de le dire, cette brave cité qui tant de fois avait prouvé qu'avant tout elle avait au cœur l'amour de la France, fut une des premières à se déclarer pour Charles VII après le sacre de 1429, et elle ne saurait être atteinte par la flétrissure imprimée au front de son évêque qui était en même temps son seigneur temporel.

« Pareillement aussi allèrent de hauts seigneurs en
« la ville et cité de Beauvais, dont était évêque Pierre
« Cauchon, extrême et furieux pour le parti des An-

« glais, combien qu'il fût de la nation française, savoir
« auprès de Reims et aussitôt qu'ils veirent les héraults
« qui portaient les armes de France, ils crièrent : *Vive*
« *Charles roi de France!* et se mirent en son obéis-
« sance, et pour ceux qui ne voulurent demeurer en
« ladite ville, ils les laissèrent aller et sortir avec
« leurs biens. »

Nous avons déjà plusieurs fois cité le nom de cet évêque de Beauvais, aveuglément dévoué au parti bourguignon et au roi d'Angleterre à qui il devait son élévation. Il ne nous paraît pas inutile de dire quelques
mots de ce prélat dont le nom, marqué d'infamie, est
inséparable de celui de l'héroïne contre laquelle il fit
prononcer le plus inique de tous les jugements.

Pierre Cauchon, (*Petrus Calceonus*) (1) originaire
des environs de Reims, était fils d'un vigneron de la
Champagne rémoise. Partisan zélé du duc de Bourgogne, on le vit figurer en 1413 parmi les meneurs
d'une sédition qui éclata à Paris. Condamné à l'exil
par le Parlement, cet arrêt fut cassé après le triomphe
du parti bourguignon, et un canonicat en la cathédrale
de Beauvais récompensa le dévouement de Pierre
Cauchon.

Peu de temps après, le nouveau chanoine fut député
au concile de Constance, et y plaida avec chaleur la
cause du duc de Bourgogne dans l'affaire que l'assas-
sinat du duc d'Orléans lui avait suscitée. Ce nouveau
service valut à cet ambitieux la place de maître des

---

(1) Louvet, T. 2 p. 561.

requêtes en 1418 et l'évêché de Beauvais en 1420 (1).
Son entrée solennelle eut lieu le 12 janvier 1421, vers
quatre heures du soir. Le duc, avec une nombreuse
escorte, protégeait sa marche. Il ne crut pas prudent
d'imiter ses prédécesseurs en allant passer la nuit dans
l'abbaye de Saint-Lucien pour en partir processionnellement le lendemain matin et entrer en ville par la porte
de l'Hôtel-Dieu : Les Armagnacs, maîtres du château
de Bresle, auraient pu troubler la fête d'une manière
désagréable pour le nouvel évêque.

La cérémonie fut glaciale comme la saison : La
population beauvaisine n'avait aucune sympathie pour
les Bourguignons, mais elle était obligée de taire ses
véritables sentiments, car il était dangereux de ne
point paraître dévoué. Cette froide réception ne l'empêcha point de s'installer au palais épiscopal et d'aviser
aux moyens d'établir son autorité. Il alla visiter son
métropolitain et eut à son retour des démêlés avec la
commune qui, sans son autorisation, avait levé une
contribution pour réparer les fortifications de la place.

Cependant le parti Bourguignon perdit presque en
même temps ses deux plus fermes appuis. Henri V, que
Charles VI en démence avait déclaré son héritier,
mourut à Vincennes vers la fin du mois d'août 1422,
laissant un jeune enfant issu de son mariage avec
Catherine de France ; et Charles VI, après un règne
de 43 ans, le suivit dans la tombe au mois d'octobre
suivant. A peine eut-il fermé les yeux qu'un hérault

____

(1) Gall. chr.

s'écria : *Vive Henri de Lancastre, roi de France et d'Angleterre!* Mais il y avait en France bien des cœurs dans lesquels ce cri ne trouva point d'écho. Le dauphin comptait de nombreux partisans, et il n'était pas d'humeur à se laisser dépouiller sans protester. Le Beauvaisis fut encore une fois ravagé par la fureur des partis armés les uns contre les autres.

La guerre, néanmoins, était conduite assez mollement, et la cause du dauphin semblait désespérée, lorsqu'une jeune paysanne de dix-huit ans vint ranimer le courage des Français. Jeanne d'Arc, dont nos lecteurs connaissent la patriotique et touchante histoire, vole au secours du véritable roi de France, Charles VII, pour le rendre victorieux de ses ennemis et le conduire à Reims où il doit être couronné : Et tandis que l'évêque de Beauvais mettait tout en œuvre pour nuire aux intérêts de ce prince, c'était un Beauvaisin, Renaud de Chartres, archevêque de Reims, qui lui ceignait le front du diadème royal (1).

Des succès si rapides et si surprenants rendirent le courage et l'espérance aux Français. Encore quelques efforts et les Anglais, seront ignominieusement refoulés dans leur île. Partout les villes ouvrent leurs portes aux troupes de Charles le Victorieux ; Beauvais ne tarde pas à suivre cet exemple, pendant que Pierre Cauchon fuit prudemment pour se mettre sous la protection des Anglais.

---

(1) Renaud de Chartres était né à Onsembray, au diocèse de Beauvais.

Malheureusement, la gloire des exploits de l'intrépide Jeanne d'Arc expira sous les murs de Compiègne : L'héroïne tomba entre les mains d'un archer bourguignon qui la remit aux mains de Jean de Luxembourg, lequel s'empressa de la vendre au roi d'Angleterre. Les ennemis de la France étaient décidés à la perdre afin de ternir la gloire de ses incomparables victoires ; et, pour donner une apparence de justice à sa condamnation, on l'accusa « de commerce avec les esprits infernaux. »

Pierre Cauchon accepta la mission de la condamner plutôt que de la juger, et s'acquitta de sa tâche au gré de ceux qui l'en avaient chargé. La manière dont il dirigea cette procédure, les traitements dont il usa envers l'infortunée prisonnière, les moyens qu'il mit en œuvre pour trouver matière à condamnation, et la sentence qu'il prononça, ont imprimé au nom de cet évêque une ineffaçable flétrissure.

Jeanne fut livrée au bras séculier, après avoir été frappée d'excommunication comme coupable de magie, sorcellerie et autres crimes semblables, et elle périt dans les flammes le 30 mai 1431, sur la place du Vieux-Marché, à Rouen (1).

Pierre Cauchon, stipendié des Anglais, continua ses intrigues contre la France (2); les Beauvaisins, qui avaient vu avec beaucoup de peine son avènement

---

(1) Hist. du diocèse de Beauvais, T. III.

(2) Transféré au siège de Lisieux qui était sous la domination anglaise, il termina sa misérable vie en 1442.

au siège épiscopal, et qu'il avait froissés dans leurs affec-
tions par ses opinions politiques, se réjouirent d'être
délivrés de ce traître dont la mémoire est demeurée
en exécration. Les historiens l'ont appelé indigne
homme, indigne français, indigne évêque. Le pape
Calixte III l'excommunia lorsqu'on révisa le procès de
Jeanne d'Arc, et ses ossements furent jetés à la
voierie.

A l'exemple de Beauvais, les forts de Gournay, La
Neuville, Remy et les places des bords de l'Oise avaient
ouvert leurs portes à Charles VII ; mais le pays n'en
demeura pas moins exposé aux courses des partis.

Au mois d'août 1429, le roi signa à Compiègne les
lettres d'abolition qu'il accordait aux habitants de
Beauvais à cause de leurs précédentes relations avec
les Bourguignons et les Anglais.

Charles VII était à Beauvais en septembre 1431 ; il
y donna des lettres datées du premier septembre, oc-
troyant à la ville une levée sur le vin pour l'indemni-
ser des dépenses causées par l'entretien des fortifications. Le roi fit aussi démolir, comme nuisible à la
défense de la place, le moulin de Saint-André, appar-
tenant à l'Evêché, alors vacant par la fuite de Pierre
Cauchon, et dont les revenus étaient sous le séques-
tre.

Les Anglais ne cessèrent, pendant les années suivantes, de désoler le pays. Le 8 mai 1433, ils parurent
en grand nombre devant Beauvais, et dans un enga-
gement qui eut lieu presque sous les murs de la place,

Jean de Monterauvillers, capitaine de la ville, fut fait
prisonnier avec plusieurs officiers.

C'est au généreux dévouement et au brillant courage
de plusieurs de ses bourgeois que Beauvais à dû d'être
à jamais célèbre par sa glorieuse persévérance à défendre ses libertés communales et son indépendance nationale; aussi nous paraît-il intéressant de faire revivre
dans cette courte étude quelques-uns des noms de ces
héros obscurs dont les exploits guerriers étaient présents à toutes les mémoires, lorsque se produisirent le
siège de 1472 et l'intervention spontanée de Jeanne
Hachette.

Les Anglais, qui occupaient encore les places situées
le long de la rivièrs d'Epte, avaient formé le hardi
projet de se rendre maîtres de la capitale du Beauvaisis.

Le 7 juin 1433, jour de la Trinité, une troupe considérable d'ennemis se répand sur le territoire de Beauvais, qu'elle pille et ravage à l'envi; puis s'avançant
brusquement vers les murs de la ville, les Anglais se
précipitent par la porte de l'Hôtel-Dieu, mal gardée en
ce moment. Les premiers qui s'avancèrent étaient dégui-
sés, les uns en femmes, les autres en paysans chargés de
fagots, d'autres en voyageurs munis de saufs-conduits.
Les portiers, qui ne se doutaient de rien, livrent passage aux femmes et aux bûcherons ; les voyageurs sui-
vent de près en donnant leurs papiers à viser ; mais
tandis que les préposés à la garde des postes mettent
à contribution tout leur savoir pour déchiffrer
les écrits qu'on leur présente, toute la bande se

métamorphose soudain en soldats armés de toutes
pièces, qui égorgent à petit bruit les gardiens et se
rendent maîtres de l'entrée. Leurs compagnons postés
près de là en embuscade se précipitent à leur suite.
Déjà beaucoup d'entre eux avaient pénétré par cette
issue, et l'absence du capitaine, fait prisonnier au combat du 8 mai, favorisait singulièrement leur entreprise.
Beauvais courait le plus grand danger si un prompt
secours ne venait changer la situation.

Le dévouement, la présence d'esprit et l'intrépidité
de deux généreux citoyens y pourvurent.

Ces deux vaillants hommes se nommaient *Guehnies*
ou *Guehengnies* et *Jean de Lignières*. Ce dernier sur-
vécut seul à son exploit, mais leurs noms sont restés
inséparables.

Guehengnies, lieutenant du roi, commandait à la
place du capitaine; Jean de Lignières combattait en
volontaire.

Guehengnies, comme commandant de place, accou-
rut et s'empressa d'organiser la résistance ; Jean de
Lignières l'avait suivi de près pour seconder ses mouvements. Tandis que le premier, à la tête d'une poignée
de braves, résistait aux Anglais — introduits déjà en
grand nombre au-dedans de la ville, — les contenait
avec fermeté et les chassait jusqu'en dehors de la porte
extérieure, le second montait en toute hâte sur le mur
surmontant la porte occupée, et arrivait auprès de
la herse suspendue entre les deux portes. Là, il coupa
si adroitement les cordes qui la retenaient, qu'en la
faisant tomber, il ferma toute issue aux ennemis res-

tés au-dehors. Tous ceux qui se trouvaient au-dedans furent taillés en pièces (1).

Guehengnies et ses compagnons, qui avaient effectué si à propos leur sortie, mais à qui la chute de la herse enlevait tout espoir de retraite, eurent malheureusement le même sort; mais leur généreux dévouement assura le salut de la ville.

Les braves trépassés furent ensevelis dans l'église de Saint-Sauveur, et tous les ans, à la Trinité, jour anniversaire de ce glorieux événement, les habitants vinrent processionnellement sur leurs tombes, prier pour leurs âmes (2).

Un des ponts de Beauvais a depuis porté le nom de Lignières, en commémoration de ce brillant fait d'armes. (3).

Depuis ce moment jusqu'à l'année 1444, où fut signée une trêve avec les Anglais, la ville, sans cesse menacée, se tint constamment sur ses gardes, employant toutes ses ressources au maintien et à l'accroissement des fortifications. Les misères de la population augmentaient de jour en jour par l'excès du service militaire, par la famine et par les épidémies, conséquences inévitables des autres fléaux.

Beauvais était comme dépeuplée en 1466, aussi bien

---

(1) Le dévouement de Guehengnies est d'autant plus remarquable qu'au dire de Louvet, c'est lui-même qui donna à Jean de Lignières l'ordre de couper la corde qui retenait la herse. (Note de l'auteur.)

(2) C'est Marguerite de Guehengnies, veuve du courageux lieutenant, qui avait fondé cette procession. — L'église de St-Sauveur a été démolie en 1799.

(3) Loisel. — Mémoires du Beauvaisis.

par la mortalité que par la fuite des habitants devant le danger de la peste qui sévissait — avec quelques interruptions pourtant, — depuis plus de quinze ans.

Cependant les Bourguignons ayant contribué à la ligue dite du *Bien Public*, occupaient de nouveau la Picardie. Mais Beauvais demeura fidèle à la cause royale. Menacée depuis huit mois, elle subit enfin le siège si célèbre conduit par Charles-le-Téméraire.

Attaquée le 27 juin 1472, la ville réduite à sa seule population, augmentée de quelques soldats seulement, mal fortifiée, *sans pièces de remparts, presque sans munitions*, soutint pendant douze heures l'assaut d'une armée de *quatre-vingt mille hommes*, conduite par des chefs aguerris, pourvue d'une artillerie formidable pour l'époque.

Les premiers secours arrivèrent le soir, s'accrurent les jours suivants, permirent de prolonger une défense qui repoussa *deux autres assauts, et qui, après une lutte continuée jusqu'au 22 juillet*, contraignit l'ennemi à se retirer sans avoir obtenu d'autre résultat que l'incendie et la ruine des villages voisins.

Les Bourguignons perdirent environ quatre mille *hommes, dommage énorme*, si l'on considère que les assiégés n'avaient point de grosse artillerie. La ville, au contraire, n'eut à *regretter la mort que d'un très petit nombre de ses habitants*, quoique la population de tout sexe et de tout âge s'exposât continuellement, et avec un courage indomptable, au feu de l'ennemi.

« Qu'est-il besoin, dit Loysel dans ses mémoires, de

« nommer particulièrement Jeanne Laisné, ni la femme
« de maître Jean de Bréquigny, qui fut si hardie que
« d'arrêter son évêque par la bride de son cheval,
« lorsqu'il voulait sortir de la ville, craignant le siège
« des Bourguignons? attendu que toutes les femmes
« de la ville en général se montrèrent si vaillantes en
« ce siège, qu'elles ont surmonté la hardiesse des
« hommes de plusieurs autres villes : dont il y a témoi-
« gnage authentique non seulement par nos histoires,
« et singulièrement par Gaguin, mais aussi par les
« lettres-patentes du roy Louis XI, contenant qu'en
« mémoire du courage et vaillance des femmes de la
« ville, elles iront les premières à la procession en
« offrande au jour de la fête de sainte Angadresme,
« patronne de la ville, et qu'elles se pourront parer et
« habiller tant le jour de leurs nopces que toutefois
« que bon leur semblera, vestir et orner de tels joyaux
« et ornements qu'elles pourront recouvrer sans qu'el-
« les en puissent être reprises, ni blâmées, de quelque
« condition qu'elles soient. »

Beauvais, par sa proximité de l'Artois alors possédé
par la maison de Bourgogne, par sa position sur les
confins du territoire de Paris et de Rouen, par son
peu de distance de la mer, était la clé du royaume de
France. Sa glorieuse résistance, en déconcertant les
projets de Charles-le-Téméraire, avait donc sauvé le
cœur du pays des horreurs de l'invasion ; aussi, eut-
elle un immense retentissement. Le souvenir n'en est
pas affaibli après un intervalle de plus de quatre
siècles.

FRANCE ET BOURGOGNE

En 1435, le connétable de Richemont, qui dirigeait le conseil de Charles VII, résolut de provoquer un rapprochement entre le roi de France et le duc de Bourgogne. C'était une politique habile et sensée, ne tendant à rien moins qu'à faire tourner contre les Anglais le traité de Troyes si désastreux pour notre pays. Le duc, Philippe-le-Bon, ne manquait pas de griefs contre ses alliés, puisqu'il avait saisi une correspondance — entre Bedfort et Glocester, — dans laquelle il était question de le mettre à mort. Cependant, par une sorte de fidélité chevaleresque à la parole donnée, le prince bourguignon ne voulut se prêter qu'à des négociations générales pour le rétablissement de la paix, et une espèce de congrès européen fut convoqué à Arras.

Les conférences s'ouvrirent le trois août, dans l'église de Saint-Vaast, et ne purent aboutir avec les Anglais, qui réclamaient l'exécution pure et simple du traité de Troyes. Richemont, qui tremblait de voir accepter les propositions bien humbles de Charles VII, fut heureux de la détermination de l'ambassadeur anglais qui se retira. Les Français, en effet, qui avaient l'espoir de chasser bientôt les étrangers, désiraient rester avec eux sur le pied de guerre après avoir conclu, à n'importe quel prix, la paix avec la Bourgogne.

Philippe-le-Bon accepta les propositions du conseil de France : Il lui fut fait amende honorable pour le meurtre de son père, Jean-sans-Peur, assassiné au pont de Montereau ; on lui céda à perpétuité les comtés de Mâcon et d'Auxerre, les châtellenies de Péronne, Roye et Montdidier, et encore, sous faculté de rachat, les villes de la Somme : Saint-Quentin, Corbie, Amiens, Abbeville, Saint-Valéry.

Si ces concessions étaient dures et humiliantes, elles eurent une compensation immédiate : Ce même traité d'Arras rendait Paris au roi de France. Les bourgeois appelèrent le connétable de Richemont et le reçurent, par la barrière Saint-Jacques, le 29 mai 1436. La garnison anglaise, qui s'était enfermée dans la Bastille, capitula, et sortit par la porte Saint-Antoine, accompagnée par les huées du peuple.

Chaque jour un nouveau pas était fait vers l'égalité sociale. La bourgeoisie et le peuple prenaient leur part de la défense du territoire, défense dans laquelle la noblesse s'était signalée surtout par des actes d'une désastreuse témérité. Plus que la noblesse, la bourgeoisie et le peuple avaient soufferts ; mais ils s'élevaient à mesure qu'elle était abaissée. Ainsi diminuait insensiblement la distance qui séparait les différentes classes, et l'on vit une partie des charges les plus importantes de l'Etat passer aux mains de personnages obscurs.

Les sages conseillers du roi, en même temps qu'ils prenaient des mesures pour battre les Anglais, voulu-

rent aussi reconstituer l'Etat et réformer la plupart de
ses institutions. L'ordonnance d'Orléans, du 2 novembre 1439, ramenait sous la main du roi toutes les forces
militaires du royaume; et les subsides votés par les
Etats-Généraux furent transformés en taille perpétuelle
permettant d'entretenir l'armée sans avoir recours à un
vote nouveau. Les barons qui voulaient des soldats
dans leurs châteaux devaient les entretenir à leurs frais,
et il leur était interdit d'imposer de nouvelles taxes
sous peine de confiscation de leurs forteresses.

Cette ordonnance était toute une révolution que les
seigneurs étaient disposés à ne pas subir; ils déclarèrent qu'elle constituait le renversement de tout ordre,
et qu'il fallait au plus vite remplacer le roi qui l'avait
provoquée, par son fils le dauphin Louis. Ce fils était
un jeune homme de dix-sept ans, spirituel et corrompu,
qui détestait les conseillers de son père; mais ceux qui
voulaient le placer à leur tête, étaient loin de soupçon-
ner quel genre de talents il saurait montrer un jour.

Déjà impatient de régner, le dauphin se prêta volon-
tiers à ces projets de révolte. Les ducs de Bourbon et
d'Alençon, les comtes de Vendôme et de Dunois, Antoine de Chabannes, Jean de la Roche, le bâtard de
Bourbon, Jean Sanglier, se mirent à la tête de la rébel-
lion. (1) C'était une insurrection de toute la noblesse
contre la royauté. Mais celui qui devait être plus tard
Louis XI ne se faisait déjà aucune illusion sur cette
noblesse, et il ne voyait dans cette prise d'armes que

---

(1) Guerre de la Praguerie, 1440.

l'occasion de conquérir une large place dans le gouver-nement du royaume.

Charles VII était à Poitiers lorsqu'il apprit que les rebelles avaient surpris le château de Saint-Maixent, et que les bourgeois s'étaient réfugiés dans la tour d'une des portes et s'y défendaient. Les révoltés vivement poursuivis eurent à peine le temps de se reconnaître. Partout les bourgeois se déclarèrent pour le roi, et les places occupées tombèrent l'une après l'autre entre ses mains. Les ducs de Bourbon, d'Alençon et le dauphin virent bien qu'ils n'avaient rien de mieux à faire que de se soumettre et implorer leur grâce. Charles se contenta de dire à son fils : « Louis, soyez le bienvenu ; vous avez moult longuement demeuré ; allez vous reposer en votre hôtel pour aujourd'hui et demain nous parlerons à vous. » Il fit au duc de Bourbon une admonestation plus sévère, et l'engagea, dans son intérêt, à ne pas recommencer.

Le lendemain, Bourbon et le dauphin supplièrent le roi de pardonner à leurs associés. Charles déclara qu'il voulait bien leur permettre de retourner chez eux sans être molestés, mais qu'il ne leur ferait pas d'autre concession. « Monseigneur, s'écrie alors le dauphin, il faut donc que je m'en retourne, car ainsi leur ai promis. » — « Louis, reprit le roi, les portes vous sont ouvertes, et si elles ne vous sont assez grandes, je vous ferai abattre quinze ou vingt toises de mur pour passer ou mieux vous semblera. » Le dauphin ne partit pas ; et cette prompte soumission fut un avertissement pour l'aristocratie tout entière.

Le prudent duc de Bourgogne n'était pas entré dans la révolte des princes ; il avait refusé tout secours aux insurgés ; mais, tout en se tenant pour averti, comme les autres, il comprit la nécessité de se renforcer contre une autorité si menaçante, en se donnant des alliés.

Le duc Charles d'Orléans était prisonnier des Anglais depuis Azincourt ; il négocia sa délivrance, paya en partie sa rançon de 36,000 livres sterling, le reçut généreusement, lui fit épouser sa nièce, et lui conféra son collier de la Toison d'Or. Il adressa la même distinction aux ducs de Brétagne et d'Alençon, et envoya à Charles VII une longue liste de griefs.

Si Charles d'Orléans, le gracieux poète du XVe siècle, qui ne demandait qu'à jouir du beau ciel de France, était peu à redouter, il n'en était pas de même des autres.

Afin de prouver qu'il était prêt à tout évènement, le roi porta ses forces vers le nord, et vint faire sentir sa justice royale jusqu'à la frontière. Il fit exécuter le bâtard de Bourbon qui fut cousu dans un sac et jeté dans la rivière de l'Aube ; puis il força le comte de Saint Pol à faire sa soumission, en même temps qu'il prenait aux Anglais Meaux, Pontoise, Dieppe et qu'il détachait d'eux leurs alliés du midi, Foix, Albret et Armagnac.

La maison de France avait repris le cours de ses succès, et les Anglais étaient réduits à solliciter une trêve que Charles leur accorda pour avoir le loisir de travailler aux réformes du royaume.

Nous n'avons pas à entrer dans les détails de toutes les luttes qui eurent lieu contre les Anglais à la reprise des hostilités. Nous rappellerons simplement qu'en 1453, le 19 octobre, Charles VII faisait à Bordeaux son entrée triomphale : La guerre de Cent-Ans était terminée ; les Anglais ne possédaient plus en France que Calais et deux petites places voisines.

Mais les grands s'occupaient de plus en plus des progrès de cette royauté qui, au lieu de s'occuper de tournois et de festins, faisait des lois, organisait les finances, et réformait les armées.

Nous avons vu que le duc de Bourgogne s'était efforcé de s'attacher le duc d'Orléans et les chefs des plus illustres familles du royaume. Sans rompre ouvertement avec le roi de France, il se faisait l'appui de tous les mécontents,

Le plus dangereux ennemi du roi était l'héritier même du trône, le dauphin Louis qui s'était fait, à dix-sept ans, le chef d'un grand complot aristocratique, et que son père avait envoyé gouverner le Dauphiné, son apanage. De là, le jeune prince intriguait, conspirait sans cesse, et poussait l'oubli de ses devoirs jusqu'à épouser, malgré son père, Charlotte de Savoie.

Le gouvernement de Charles VII déploya, en cette occasion, toute la vigueur et toute la décision dont il faisait preuve depuis quelque temps. Antoine de Chabannes s'avança, avec un corps de troupes sur la frontière du Dauphiné, pendant que le roi, en personne, se rendait à Lyon avec son armée. Déconcerté par cette promptitude, à laquelle il ne s'attendait pas, le dauphin écrivit respectueusement à son père qu'étant gonfalonier de la Sainte Eglise romaine, il ne pouvait se dispenser d'obtempérer à la requête du pape, et de se joindre à son bel oncle de Bourgogne qui allait combattre les Turcs. Ayant ainsi expliqué sa conduite, il monta à cheval avec une escorte de six hommes dévoués et galopa jusqu'en Franche-Comté, d'où il alla demander asile au duc de Bourgogne. Charles VII, en apprenant cette nouvelle, s'écria : « Mon cousin reçoit chez lui un renard qui mangera ses poules. »

Il avait, en effet, la ruse du renard, mais il se montrait bien humble et bien modeste, celui à qui Philippe-le-Bon accordait l'hospitalité. Il se posait comme une victime persécutée, et racontait, d'une façon si lamentable, toutes les prétendues misères qu'on lui avait fait endurer, que le duc, la duchesse et leur entourage pleuraient sincèrement sur ses malheurs.

Ses hôtes lui prodiguaient les honneurs, l'argent, les protestations de dévouement ; mais ils lui refusaient ce qu'il désirait le plus : une armée pour faire la guerre à son père.

Ce n'était pourtant pas la bonne volonté qui manquait à Philippe-le-Bon ; mais il était déjà bien vieux ; cette guerre aurait troublé sa tranquillité ; il aurait fallu grossir les taxes au risque de provoquer des révoltes. Et puis, il aurait en quelque sorte fallu abdiquer et remettre la conduite des troupes à son fils le jeune comte de Charolais, qui vivait presque en aussi mauvaise intelligence avec lui que le dauphin avec Charles VII. Pour toutes ces raisons, et pour bien d'autres encore, le duc redoutait cette guerre, qui aurait pu compromettre l'intégralité des possessions bourguignonnes, si étrangement composées de territoires français et de territoires flamands.

On n'était cependant pas sans inquiétude à la cour de France : Louis continuait ses intrigues ; il envoyait à son père les lettres les plus soumises, pendant qu'il travaillait à écarter les ministres qui avaient sa confiance pour lui en donner d'autres de sa main. Le roi eut un instant la pensée de transférer la couronne à son second fils, et il s'en ouvrit, — mais dans le plus grand secret, — au pape Pie II. Cette précaution n'était pas inutile, car déjà le dauphin, tout jeune qu'il fût, s'était acquis une sinistre réputation ; on prétendait que ceux qui lui avaient déplu ne vivaient guère, et Charles VII redoutait pour lui-même un « vilain cas » c'est-à-dire un empoisonnement.

C'était probablement une calomnie. Le vrai poison qui menaçait le vieux monarque était le désordre de sa vie et les honteuses débauches auxquelles il se livrait. Il mourut le 22 juillet 1461.

L'histoire a reproché à Charles le Victorieux deux grands actes d'ingratitude et d'iniquité : Le lâche abandon de Jeanne d'Arc aux Anglais, et la condamnation de Jacques Cœur. (1)

Au moment où Louis XI prenait possession du trône, pas un Etat n'était en mesure de le troubler dans ce qu'il voudrait entreprendre. Mais si le nouveau roi était sûr de ne pas rencontrer de grands embarras au

---

(1) Voir l'histoire du règne de Charles VII.

dehors, il n'en était pas ainsi à l'intérieur où la féodalité disposait encore de forces considérables.

La nouvelle de la mort de Charles VII fut accueillie avec inquiétude par ceux qui l'avaient fidèlement servi, et avec la joie par Philippe-le-Bon, dont le dauphin était l'hôte depuis cinq ans. La féodalité se crut sauvée par l'avènement de son ancien allié. Pour l'escorter, toute la noblesse montait à cheval en Bourgogne et aux Pays-Bas. « Je me fais fort, disait Philippe-le-Bon, de mener sacrer le roi à Reims avec cent mille hommes. » Louis trouvait que c'était beaucoup trop, ce qui n'empêcha pas de s'y rendre une foule de gentilshommes couverts de velours, d'or et de pierreries, faisant flotter au vent leurs riches bannières, traînant à leur suite cent quarante chariots qui portaient la vaisselle précieuse, l'argenterie et les vins. Au milieu de cette foule dorée, le duc apparaissait entouré de pages et de varlets, pendant que le roi, simplement vêtu, faisait humble contenance. C'était pour mieux exploiter l'orgueil de son riche vassal que Louis consentait à lui laisser l'éclat de la royauté.

Après un service funèbre en l'honneur de son père, dont il avait si longtemps attendu la mort, il se montre empressé d'être sacré et de porter la couronne, dit Chastellain ; il entre à Reims, se rend directement à l'église et se « rue » par trois fois à genoux devant la sainte ampoule. Ce fut merveille de voir avec quelle complaisance il se prêta à tous les détails de la cérémonie et se laissa porter sur son trône de vingt-sept pieds de hauteur, ne voulant se reposer qu'après avoir

la couronne au front. C'est le duc de Bourgogne lui-
même qui lui posa sur la tête cette couronne qu'il avait
fait trembler sur celle de Charles.

Le « bon duc » ivre du rôle brillant qu'il vient de
jouer se répand en présents de toutes sortes et fait
hommage de tous ses États au nouveau roi. A Paris,
où il précède Louis, on le voit déployer en son hôtel
d'Artois un luxe extraordinaire. « Oncques de mémoire
« d'homme, on ne vit maison de prince en France ni
« ailleurs, plus richement mise en point, ni si parée
« de chambres et de riches tapisseries. »

Lorsque tous les préparatifs furent terminés, Louis
fit, à son tour, son entrée dans sa bonne ville de Paris,
en robe de soie blanche, sous un dais fleurdelisé. Le
peuple s'écrasait dans les rues pour voir le cortège ;
« les gouttières étaient pleines de spectateurs et les
« fenêtres se louaient cher ! Ainsi le nouveau roi
« saillant de mendicité en plénitude de souhaits, reçut
« couronne et sceptre en toute haute prospérité de
« fortune. »

Cependant Louis trouva qu'il avait assez sacrifié à
l'ostentation ; il se retira modestement dans son hôtel
des Tournelles, pendant que son « bel oncle » continuait
orgueilleusement à exposer ses trésors, son orfèvrerie
et ses tapisseries. Le roi ne refusait aucun honneur à
celui qui l'avait accueilli dans la persécution : Il
l'autorisait à nommer vingt-quatre conseillers au Parlement, mais jamais un seul ne siégea ; il lui concédait
des privilèges sous condition que le Parlement les enre-
gistrerait, mais le Parlement n'enregistra jamais ; il

lui accordait la grâce du duc d'Alençon, mais il gardait

Louis XI et Charles le Téméraire (page 81).

les places-fortes et les enfants de ce prince. Enfin, le

duc de Bourgogne s'en retourna comblé d'honneurs, accablé de promesses et de bonnes paroles, mais ruiné.

Louis XI se sentit alors chez lui, et commença véritablement ce règne qui doit compter parmi les plus importants de notre histoire.

Les grands croyaient l'occasion bonne de ressaisir les privilèges qu'ils avaient perdus, et le roi, par la précipitation qu'il mit dans ses réformes, fit de nombreux mécontents qui pouvaient devenir leurs alliés. Les plus grandes familles ne furent pas épargnées. Il enleva à la maison de Brézé la sénéchaussée de Normandie, à la maison de Bourbon le gouvernement de la Guyenne qu'il donna à la maison d'Artois, dans le but de troubler les deux familles, et il retint à son frère Charles son gouvernement du Berry. Enfin il avait de nombreux démêlés avec la maison de Bretagne.

On le vit, en 1463, fixer sa résidence sur la frontière du nord ; il allait visiter ses bonnes villes et en profitait pour faire de fréquentes visites au vieux duc de Bourgogne. Toujours plein de déférence pour son bel oncle, il lui envoyait la reine, les princesses, s'efforçait de gagner ses courtisans et de le gagner lui-même. Le rusé monarque méditait une affaire importante : Le rachat des villes de la Somme, engagées, on s'en souvient, par le traité d'Arras.

Déjà Louis, en prêtant 200,000 écus d'or au roi d'Aragon, venait de recevoir en gage le Roussillon et la Cerdagne, et il espérait bien ne pas s'en tenir là ! C'était sa manière, à lui, de conquérir des provinces ; et il tenait pardessus tout à rentrer en possession des villes que son père avait naguère abandonnées pour obtenir l'alliance bourguignonne.

La cour de Bourgogne était troublée par des discordes incessantes ; les seigneurs de Croy, soudoyés par le roi, et le comte de Charolais, ennemi personnel de Louis XI, se disputaient le vieux duc. Le centre d'action des Croy était le Hainaut ; ils en gardaient toutes les places frontières, et de là rayonnaient en Flandre, en Brabant et en France. Antoine de Croy, chef de la famille, ministre du duc, maître de la maison du roi, devint sénéchal de Normandie, capitaine de Rouen, gouverneur de Champagne et des terres de la Somme, « Il pouvait, dit Chastellain, avoir du *roi* vingt-quatre mille francs par an, sans ce qu'il avait du *duc* et du sien. » Tel était le personnage que Louis XI avait su mettre dans ses intérêts.

Dès le commencement de 1463, s'éloignant du comte de Charolais qui s'était réconcilié avec son père, Antoine de Croy était venu à la cour de France pour remplir son office, et Louis se servit de lui pour conclure avec les Anglais une trève d'un an. Par le don des comtés de Guines et de Châtellerault, ce monarque le détermina à demander au duc le rachat des villes de la Somme.

Charolais venait de se retirer en Hollande ; et son conseiller, le comte de Saint-Pol, était lui-même gagné à la cause du roi de France.

Philippe-le-Bon, dont les magnificences n'avaient pas de bornes, était toujours à court d'argent. Obsédé par de Croy, il promit d'accepter la rançon de ces vil-

les, tout en conservant l'espoir que le roi ne pourrait
réunir les 400,000 écus d'or qui devaient en être le
prix. Mais Louis XI aurait plutôt épuisé la bourse de
toutes les autres villes, et en quelques jours, il fut
en mesure de satisfaire le vieux duc. Le 12 septembre,
il versait 200,000 écus, et le 8 octobre encore 200,000
écus. L'importante barrière de la Somme rentrait en
son pouvoir : Saint-Quentin, Péronne, Amiens, Abbeville faisaient retour à la couronne ; Louis y mit des
gens à lui, des parents de Croy, et bientôt le comte
d'Etampes, ennemi mortel du comte de Charolais,

Le bouillant fils du duc de Bourgogne ne pardonna
pas à Louis cette concession arrachée à la vieillesse de
son père ; et ce n'était pas le seul grief qu'il eût contre
le roi : Le monarque lui avait donné la lieutenance
du gouvernement de Normandie et l'avait en même
temps conférée au duc de Bretagne. Le comte, dont la
conduite vis à vis de son père n'avait pas toujours été
irréprochable, savait que Louis avait proposé de le mettre à la raison, et il l'accusait même d'avoir voulu le
faire assassiner.

Cependant, le roi montre partout une activité infa-
tigable : il veut tout renouveler ; « il semble qu'il ait
horreur de tous les corps vermoulus que lui a légué
le moyen âge. » Mais quatre ans ne se sont pas écou-
lés depuis son avènement et déjà tout le monde est
contre lui : Le peuple dont les charges augmentent,
la bourgeoisie blessée dans ses intérêts particuliers,
le clergé menacé dans ses propriétés, la noblesse dans
ses droits et la haute aristocratie dans ses prétentions,

vont momentanément se trouver d'accord pour entraver l'autorité royale. Les hostilités sont imminentes et Louis XI ne s'en aperçoit que quand il est déja trop tard pour les prévenir. Il essaie de calmer les plus mécontents en convoquant les députés des villes devant lesquels il cherche à justifier sa conduite. Après les bourgeois, il assemble les princes et raconte tout ce qu'il a fait pour le bien du royaume. Sa harangue paraît attendrir les plus endurcis, mais à peine l'assemblée est-elle dissoute que tous se concertent sur les moyens de l'attaquer et lui enlèvent son frère, le jeune duc de Berry, à peine âgé de dix-huit ans, pour en faire leur chef.

Cette nouvelle levée de boucliers de la société féodale contre l'autorité monarchique était, suivant les révoltés, « *La Ligue du Bien Public* ».

Le roi écrivit aussitôt au duc de Bourbon :

« Mon frère ,

« Lundi mon frère de Berry est parti à mon insu ;
« il est en Bretagne : Je ne sais qui l'a mu à ceci ; et
« s'il a bien fait, il le trouvera. Ces lettres vues, mon-
« tez à cheval, et venez vers moi ; faites mettre cent
« lances de votre pays sus, et venez incontinent.

« Et adieu. »

Le duc répond qu'il est avec ceux qui « ont conclu par seings et scellés authentiques » de s'assembler « pour corriger le gouvernement, » et il fait saisir, dans ses Etats, les revenus royaux.

Louis comptait aussi sur le vieux duc de Bourgogne; mais le 12 mars 1465, Philippe-le-Bon tomba dans un état d'affaissement moral dont il ne devait plus sortir pendant les deux années qu'il vécut encore, et le comte de Charolais, *Charles-le-Téméraire* ou *Charles-le-Terrible*, prenait le même jour la direction des affaires. C'est le lendemain même de ce jour que le duc de Bourbon publiait sa réponse au roi. Deux jours plus tard, le jeune duc de Berry lançait un manifeste contre le gouvernement de son frère; et le 22 octobre, François II, duc de Bretagne, se déclarait ennemi de tout adversaire du duc de Bourgogne « sans en excepter monseigneur le roi. » Puis, de toutes parts arrivaient des déclarations hostiles. Tout le monde voulait faire partie de la Ligue du Bien Public.

Le roi se hâta de faire face au danger qu'il n'avait pas cru si grand, et, après quelques succès partiels, il joignit le comte de Charolais à Monthléry. Les adversaires se montrèrent également braves et s'attribuèrent l'un et l'autre la victoire. En même temps que Charles de Bourgogne était sur le point d'être fait prisonnier, le bruit de la mort de Louis de France se répandait. La vérité est qu'une aile de chaque armée était rompue, et que, de chaque côté, il y avait un grand nombre de fuyards. Le carnage fut de deux mille hommes au moins. « Les blés, dit Comines, étoient grands, et la « poudre la plus terrible du monde; tout le champ « semé de morts et de chevaux. » Saint-Pol conseillait de reprendre le chemin de la Bourgogne, et le roi s'enfuyait à Corbeil pendant la nuit.

Charles-le-Téméraire, très joyeux de sa victoire,

demeura sur le champ de bataille. Mais, tandis qu'il opérait sa jonction avec les ducs de Berry, de Bretagne et de Calabre, le roi rentrait à Paris avec douze mille hommes, gagnait le peuple par sa bonhomie, et accueillait sans rancune plusieurs de ceux qui ne l'avaient pas secouru.

Nous savons que Louis XI était très brave de sa personne ; cependant, ses combats de prédilection étaient ceux qui se livrent avec l'esprit, la finesse et la ruse : Il négociait, pourparlait, cherchait à diviser les seigneurs chez lesquels la discorde s'était déjà glissée ; et, la ligue n'aboutissant à rien, il y en avait déjà quelques-uns qui pensaient à l'avenir et trouvaient plus sûr de se vendre au roi. Les négociations qui avaient lieu entre Charenton et Saint-Antoine constituaient un véritable marché où chacun discutait son prix : Le comte d'Armagnac, le duc de Nemours, le comte de Saint-Pol, Jean de Calabre, y étaient venus tour à tour et avaient mis pour prix de leur défection de l'argent, des domaines et des honneurs. Louis ne refusait rien et il se frottait les mains de satisfaction en pensant que Bourgogne et Bretagne seraient bientôt isolées et peut-être ennemies.

Il en eût été ainsi si le roi avait pu être partout à la fois ; malheureusement, partout où il n'était pas on le trahissait, et Pontoise, Rouen, Evreux, Caen, Péronne, passèrent successivement à la Ligue.

Louis comprit qu'il fallait brusquer les négociations et traiter à tout prix. Il vint presque seul trouver Charolais et lui dit : « Mon frère, m'assurez-vous ? » — car autrefois ledit comte avait épousé sa sœur.— Ledit comte lui répondit : — « Monseigneur, oui, comme frère. » Toutes choses furent accordées et la paix fut conclue. Les Normands voulaient un duc, on leur donna Charles de France, frère du roi ; Charolais réclamait les villes de la Somme « que le roi avait rachetées quatre cent mille écus » il les reprit. Chacun emporta sa pièce : Dammartin rentra en possession de ses biens ; l'ambition de Saint-Pol fut comblée par l'épée de connétable. « Les princes, dit Comines, butinèrent le monarque et le mirent au pillage. »

Ce n'était pas précisément du *bien public* ; mais, pour avoir l'air de faire quelque chose dans ce sens, on convint que trente-six notables, présidés par le comte de Dunois, seraient chargés de s'enquérir des fautes et des discordes, avec pleins pouvoirs d'y remédier par ordonnance que le roi sanctionnerait dans les quinze jours. Puis, les vainqueurs se dispersèrent pour prendre possession des pays qui leur étaient livrés. Charles de France courut à Rouen ; Charolais passant par les terres de la Somme se dirigea précipitamment sur Liège, où Louis avait fomenté une révolte. Le roi, resté seul, eut bientôt gagné ces trente-six conseillers, et se promit bien de reprendre ce qu'il avait donné malgré lui.

L'exécution stricte d'un pareil traité était la ruine de la royauté et de la France, mais les seigneurs avaient compté sans l'énergique volonté du souverain. Instruit par l'exemple, il se proposa de ne pas aller si vite en besogne : La ligue lui a montré toutes les trahisons dont il est entouré . Désormais il sera prudent ; il le sera jusqu'à la ruse, la perfidie et la cruauté.

Le plus grand danger était dans la cession de la Normandie, car cette province mettait en relation les possessions des ducs de Bourgogne et de Bretagne, et pouvait, le cas échéant, ouvrir nos côtes aux Anglais depuis Nantes jusqu'à Dunkerque. Louis apprit, avec le plus grand plaisir, que le duc de Bretagne était déjà en mésintelligence avec son frère Charles. Il se permit d'intervenir dans leurs affaires; mais, pour empêcher Charles-le-Téméraire de se jeter à l'encontre de ses projets, il s'arrangea de manière à ce que des circonstances, qu'on aurait pu croire imprévues, suscitassent à la fois des soulèvements à Liège, à Dinant et à Gand.

La ville de Liège était gouvernée par son évêque, Louis de Bourbon, qui ne songeait qu'aux plaisirs et aux moyens de se procurer de l'argent pour les faire durer. Sous un pareil gouvernement, il n'était pas extraordinaire qu'elle s'insurgeât. Le roi de France appuyait la révolte en promettant du secours aux Liégeois, qui n'avaient guère besoin d'être encouragés, et qui, après avoir chassé leur évêque, attaquèrent les possessions bourguignonnes de Limbourg. Dinant proférait contre ses maîtres des injures qui ne pouvaient être lavées que dans le sang, et les Gantois se soulevèrent avec une spontanéité qui mit en péril la liberté et même l'existence du comte de Charolais.

Louis, n'ayant plus à craindre d'être dérangé dans

ses combinaisons, envoya 120,000 écus d'or au duc de Bretagne qui se détermina sans peine à laisser exécuter son ancien allié. Puis, il entra en Normandie dont il s'empara en quelques semaines sans que la Bourgogne pût intervenir autrement que par de dures remontrances. Le roi répondit qu'il avait été contraint, malgré lui, d'agir de la sorte, parce que son frère et les Normands ne pouvaient s'entendre; et il finissait en priant le duc de traiter avec douceur les pauvres gens de Liège et de Dinant.

La Bourgogne n'était pas en situation d'agir, et les autres maisons princières étaient neutralisées ou gagnées à la cause royale : Le duc de Bourbon avait obtenu, avec le titre de lieutenant-général, le gouvernement du centre et du midi de la France; son frère, Pierre de Beaujeu, avait reçu en mariage Anne, fille de Louis XI. Dunois, le duc de Calabre et les Armagnacs avaient été plus faciles à contenter. Enfin le comte de Saint-Pol, ami d'enfance et confident de Charolais, avait été fait connétable, capitaine de Rouen, gouverneur de la Normandie, et marié à la belle-sœur du roi.

Charles-le-Téméraire était furieux : « Vienne le roi et me fasse la guerre, s'écriait-il, il verra s'il me tient à un homme; j'en ai d'autres assez pour lui faire peur et à son connétable avec! »

Pendant ce temps, le roi mettait autant de soins à conquérir l'amitié des bourgeois de Paris qu'il en avait mis à s'attacher les princes.

Cependant Charolais était fort occupé en Brabant. Il

bat les Liégeois et leur enlève tous leurs privilèges, traite atrocement Dinant qui fut pillée, rasée, brûlée et où les prisonniers, au nombre de huit cents, furent noyés : « Je ne sais, dit naïvement Comines, si Dieu l'avoit ainsi permis ; mais la vengeance fut cruelle. »

Charles-le-Terrible inaugurait ainsi dignement son règne, car Philippe-le-Bon, après avoir vu les révoltés à terre, mourut le 15 juin 1467.

Personne ne songeait à disputer la Normandie au roi ; mais le nouveau duc de Bourgogne s'empressa de conclure une alliance avec l'Angleterre ; et bientôt le duc de Bretagne, effrayé des rapides succès de Louis XI, se tourna de nouveau contre lui. Il venait d'occuper Caen et Alençon, et offrait aux Anglais douze places à leur volonté.

Quand il apprit que les Liégeois étaient à la merci du Téméraire, que l'armée bourguignonne s'assemblait vers Saint-Quentin, que le duc de Bretagne et Charles son frère vendaient honteusement la basse-Normandie, le roi en appela à l'opinion de la France, et réunit à Tours les Etats-Généraux, le 6 avril 1468. Les députés écoutèrent Louis avec enthousiasme ; ils approuvèrent complètement ce qu'il avait fait relativement à la Normandie, concluant au refus de tout apanage demandé par Charles de France, et décidèrent que le duc de Bretagne serait sommé d'évacuer les villes qu'il avait usurpées, s'il ne voulait pas en être chassé à force ouverte. Enfin, les états résolurent d'envoyer au duc de Bourgogne des ambassadeurs chargés de lui notifier leur décision et de l'inviter à assister le roi pour le rétablissement d'une bonne justice par tout le royaume.

Charles-le-Téméraire, qui avait inauguré son règne par des victoires, s'abandonnait déjà à cette ivresse qui le conduisit à une chute terrible. Il reçut la notification des ambassadeurs avec un souverain mépris : « Ne me chaut que le roi en fasse! »

De son côté, le roi agissait avec le même sans gêne, et Saint-Pol entrait dans Bruges avec l'épée de connétable portée devant lui par ses pages, et six trompettes sonnant. Il avait soin de répandre à grand bruit les détails de la réception peu courtoise faite à ses ambassadeurs, et par la rapidité de ses coups forçait le duc à accepter la paix d'Ancenis.

Débarrassé des Bretons, ayant à ses ordres une excellente armée et une artillerie supérieure, Louis XI pouvait accepter la lutte avec le duc de Bourgogne; mais il savait qu'une flotte et une armée anglaises étaient réunies à Portsmouth, toutes prêtes à traverser la Manche ; il voulait à tout prix retenir dans leur île les ennemis séculaires de la France. Il n'avait pas perdu le souvenir des grandes défaites du siècle précédent; il se sentait environné de traîtres ; et, connaissant la supériorité d'esprit qu'il avait sur son rival, il comptait obtenir, par des négociations bien conduites, tous les résultats d'une grande victoire.

Mais pour réaliser son projet, ce roi, rusé par excellence, allait commettre une grande faute. Malgré les observations de ses conseillers, il risque hardiment de frapper un grand coup; il demande à Charles un sauf-conduit et va le trouver à Péronne. Le sauf-conduit est ainsi conçu : « Vous pouvez venir, demeurer et séjourner sûrement, et vous en retourner sûrement à votre bon plaisir, et toutes les fois qu'il vous plaira, sans qu'aucun empêchement soit donné à vous, pour quelque cas qui soit ou puisse advenir. » Mais Louis XI oubliait Liège, et ce fut là une grande faute.

« Grande folie, dit Comines, et à deux grands princes qui sont comme égaux en puissance, de s'entrevoir, sinon dans leur jeunesse, où ils ne songent qu'à leurs plaisirs. » Car, ajoute-t-il ailleurs « la guerre entre eux est facile à commencer, malaisée à apaiser. »

Louis, plein de confiance, se rend à Péronne où Charles le reçoit avec tous les témoignages d'un grand respect ; ils s'embrassent par deux fois, et c'est appuyés l'un sur l'autre qu'ils font leur entrée dans la ville, le 8 octobre 1468.

Cette impression favorable ne tarda pas à se dissiper, quand le roi vit autour du duc ses plus redoutables ennemis, ses adversaires les plus violents, parmi lesquels Philippe de Bresse qu'il avait retenu trois ans prisonnier, le sire de Neufchâtel à qui il avait enlevé Epinal, et le duc de Châteauneuf pour l'usage duquel il avait lui-même dessiné une cage de fer. Il se souvint du pont de Montereau, et demanda comme une faveur à être logé dans le château. Dans cette forteresse, de lugubre mémoire, où Charles-le-Simple avait été retenu captif, il se crut à l'abri d'un coup de main.

Les craintes du monarque n'étaient que trop fondées, car Charles-le-Téméraire, cédant à certaines insinuations malveillantes, n'était pas sans quelque tentation de tirer parti de l'imprudence de Louis XI.

Cependant, le calme qui présidait aux premières négociations était loin de présager la terrible tempête qui allait s'abattre sur la tête du roi. On discutait paisiblement les conditions du traité, quand, le 10 octobre, on vint dire au duc que Liège était de nouveau soulevée, que l'évêque Louis de Bourbon et l'envoyé bourguignon Humbercourt, avaient été tués, et qu'à la tête des rebelles, on avait remarqué deux envoyés du roi de France.

Ces mauvaises nouvelles avaient été exagérées à dessein. L'évêque et l'envoyé de Bourgogne se portaient bien, et il était invraisemblable que cette dernière émeute eût été provoquée par le roi.

Mais Charles le Téméraire ne demandait qu'un prétexte capable de justifier un acte déloyal qu'il brûlait de commettre. Il entra dans une furieuse colère, proféra d'horribles menaces ; et, sans donner de sa conduite d'autre raison que le désir de retrouver « une boîte perdue » il fit fermer la ville et le château : Louis XI était prisonnier.

Le duc, « terriblement ému » l'accuse d'être venu pour le trahir et n'attend qu'un conseil pour « lui faire une mauvaise compagnie. » Mais le roi mort, son frère Charles, allié du duc de Bretagne, monte sur le trône ; et le Bourguignon pense qu'il serait impolitique de se livrer à un pareil attentat pour placer la couronne sur la tête d'un prince dévoué à l'influence bretonne. Ne vaut-il pas mieux arracher au captif d'importantes concessions, et en l'humiliant, le ruiner dans l'opinion publique.

Malgré la surveillance étroite dont il est l'objet, Louis XI fait faire des promesses à tous ceux qui peuvent encore le servir et trouve le moyen de faire distribuer quinze mille écus d'or.

Le duc passa trois nuits à se promener dans sa chambre sans se dévêtir. Il recula enfin devant l'horreur du crime qu'il méditait; le roi en fut averti et suivit avec une anxiété facile à comprendre les incidents de cette tempête.

« Cette nuit, qui fut la tierce, ledit duc ne se dépouilla
« oncques. Seulement, se coucha par deux ou trois fois
« sur son lit, et puis se promenait, car telle était sa
« façon quand il était troublé. Sur le matin, se trouva
« en plus grande colère que jamais, en usant de me-
« naces, et prêt à exécuter grande chose; toutefois il
« se réduisit en sorte que, si le roi jurait la paix et
« voulait aller avec lui à Liège, pour lui aider à se
« venger, et Mgr de Liège qui était son proche parent,
« il se contenterait ; et soudainement partit pour aller
« dans la chambre du roi, et lui porter ces paroles.
« Le roi eut quelque ami qui l'en avertit, l'assurant
« de n'avoir nul mal s'il accordait ces deux points ;
« mais s'il faisait le contraire, il se mettrait en si
« grand péril, que nul plus grand ne lui pourrait
« advenir. » (1)

Le duc vint; la voix lui tremblait tant il était ému ; son geste et sa parole étaient âpres et témoignaient de la violence des passions qui l'agitaient. Louis ne

---

(1) Comines.

refusa rien : il consentit à remettre en vigueur le
traité de Saint-Maur; mais au lieu de la Normandie,
Charles de France recevrait la Champagne et la Brie ;
enfin, pour comble d'humiliation, il dut promettre de
suivre son vassal au siège de Liège. Louis, comme la
plupart des princes de son temps, avait pour principe
de mettre le succès devant et l'honneur derrière.

Le roi suivit donc Charles le Téméraire au siège de
Liège : La ville fut prise, pillée, rançonnée, brûlée
comme Dinant. Louis entra dans la cité en ruines avec
le vainqueur et le combla de louanges.

Le duc crut devoir s'excuser de l'obligation pénible
qu'il lui avait imposée et lui proposa d'ajouter au traité
un article en faveur de quelques ennemis de la couronne;
mais le spirituel monarque en ayant proposé autant
« pour Monseigneur de Nevers et Croy » le Téméraire
jugea prudent de ne pas insister.

Le roi prenant un air de bonhomie qui lui était habi-
tuel dit au duc « que s'il avait encore affaire de lui, il
« ne l'épargnât point ; mais que s'il n'avait plus rien à
« faire, il désirait aller à Paris faire publier leur ap-
« pointement en la cour du parlement (parce que c'est
« la coutume en France d'y publier tous accords, ou
« autrement ne seraient de nulle valeur) ; et davantage
« priait audit duc qu'à l'été prochain ils se pussent
« entrevoir en Bourgogne et être un mois ensemble
« faisant bonne chère... et ainsi fut accordé ce parte-
« ment ; et prit congé le roi dudit duc, lequel le con-
« duisit environ une demi-lieue, et au département
« d'ensemble lui fit le roi cette demande : « Si d'aven-

« ture mon frère qui est en Bretagne ne se contentait
« du partage que je lui baille pour l'amour de vous,
« que voudriez-vous que je fisse ? » Le duc lui répondit
« soudainement, sans penser : — « S'il ne le veut
« prendre, mais que vous fassiez qu'il soit content, je
« m'en rapporte à vous deux. » — « De cette demande
« et réponse, ajoute Comines, sortit depuis grande
« chose, comme vous oirez ci-après. »

Le roi s'éloigna en grande hâte, et, tout honteux,
alla se cacher à Tours. Le séjour de Paris lui aurait
été désagréable ; on y parlait trop du « Renard pris
par le Loup, » et les corbeaux et les pies apprenaient
trop facilement à siffler Péronne.

« Le samedi, dix-neuvième jour de novembre 1468,
« dit Jean de Troyes, furent publiés à son de trompe
« et en public, par les carrefours de Paris, ledit accord
« et union faits entre le roi et Mgr de Bourgogne ; et
« que pour raison du temps passé, personne vivant
« ne fut si osé ou hardi d'en rien dire à l'opprobre
« dudit seigneur, soit de bouche, par écrit, signes,
« peintures, rondeaux, ballades, virelais, libelles diffa-
« matoires, chansons, gestes, ni autrement, en quel-
« que manière que ce pût être. Et que ceux qui seraient
« trouvés avoir fait ou été au contraire, fussent griè-
« vement punis. Et ce même jour, furent pris pour le
« roi et par vertu de sa commission, en la ville de
« Paris, toutes pies, geais et chouettes étant en cages
« ou autrement, et étant privés, pour tous les porter
« devers le roi. On écrivit et enregistra le lieu où
« avaient été pris les dits oiseaux, et aussi tous les

« beaux mots que iceux oiseaux savaient bien dire, et
« que on leur avait appris. »

Louis n'avait désormais qu'une pensée : Effacer le
souvenir de son humiliation en faisant disparaître les
conséquences du malencontreux traité ; et, avec son
ardeur accoutumée, il ne perdit pas un instant.

« S'il ne veut prendre la Champagne et la Brie,
mais que vous fassiez qu'il soit content, je m'en rapporte à vous, » avait dit le Téméraire à Louis XI en
parlant de Charles de France. Le roi pensa aussitôt à
éloigner son frère du duc de Bourgogne, tout en ayant
soin qu'il fût content. Au lieu de la pauvre et triste
Champagne, il lui offrit la belle et fertile Guyenne, et
le jeune prince s'empressa d'accepter une combinaison
qui lui permettait d'échanger sa résidence de Troyes
contre celle de Bordeaux.

Dans leurs ambitieuses visées politiques, le roi d'Angleterre et le duc de Bourgogne tiraient un excellent
parti de leurs ordres de la *Jarretière* et de la *Toison
d'Or*. En acceptant ces distinctions honorifiques, on
contractait de sérieuses obligations envers ceux qui
les décernaient. Louis créa l'ordre de *Saint-Michel*,
dont les statuts étaient tout politiques. Le collier de
Saint-Michel excluait celui de la Toison d'Or, enchaî-
nait au roi les chevaliers, — dont le nombre ne devait
pas dépasser trente-six, — ou, en cas de défection,
aggravait singulièrement leur trahison.

Les premiers chevaliers furent le duc de Bourbon,
le connétable, les comtes de Comminges et de Dammartin. Le duc de Bretagne qui venait de recevoir la

Toison d'Or, refusa le collier de Saint-Michel ; le duc de Guyenne, au contraire, l'accepta, et renvoya la Toison d'Or à Charles le Téméraire.

Louis croyait avoir ainsi reconquis la douteuse affection et la fidélité toujours chancelante du jeune prince : Les deux frères avaient eu une entrevue au milieu d'un pont jeté sur la Sèvres, et ils s'étaient embrassés.

Le monarque savait qu'un de ses conseillers les plus intimes, la Balue, homme de basse condition, qu'il avait fait évêque d'Angers et cardinal, entretenait une correspondance secrète avec le duc de Bourgogne et avait trahi son bienfaiteur : Sans hésiter, il le fit arrêter avec son complice l'évêque de Verdun, et les fit enfermer dans deux cages de fer de huit pieds carrés, où ils restèrent dix ans.

Il envoya Chabannes, dans lequel il avait une extrême confiance, — bien justifiée du reste, — combattre le duc de Nemours et le comte d'Armagnac. Le premier obtint son pardon, le second se sauva hors du royaume et ses biens furent confisqués. En même temps, le duc de Bretagne traitait à Angers et jurait de renoncer à toute alliance étrangère. Enfin, le roi réconciliait le comte de Warwick avec Marguerite d'Anjou, et lui fournissait les moyens de renverser Edouard IV, beau-frère du Téméraire.

Sûr, désormais, d'avoir encore une fois isolé le duc de Bourgogne, il se décida à l'attaquer en face. Une assemblée de notables réunie à Tours releva contre Charles le Téméraire un grand nombre de griefs et déclara que le duc avait lui-même déchiré le traité de Péronne.

Sans perdre de temps, et comme conséquence de cette déclaration, le roi fit saisir les places de Saint-Quentin, Roye, Montdidier, Amiens. Il avait mis sur pied 100,000 hommes, et prenait son adversaire absolument au dépourvu.

Charles furieux et déconcerté avait à la hâte assemblé une armée, mais il n'arriva en Picardie que pour y constater les succès du roi ; il se replia sur Arras, repassa la Somme, brûla Picquigny, vint échouer devant Amiens et s'humilia en signant une trêve, en avril 1471.

Lous XI croyait avoir brisé encore une fois les liens dont l'aristocratie cherchait à enlacer la royauté ; mais le succès n'était pas aussi complet qu'il le supposait ; car les ducs de Bretagne et de Guyenne, et le connétable de Saint-Pol, effrayés de ses rapides progrès, songeaient déjà à le trahir.

Le duc de Guyenne n'étant plus héritier de la couronne, — car un fils était né à Louis XI, — croyait avoir intérêt à renouer la Ligue avec les princes et à trahir son frère. Sa cour était le centre de toutes les intrigues, et le duc de Bourgogne lui offrait en mariage sa fille unique.

Le roi essaya auprès de lui une dernière tentative pour le rattacher aux intérêts de sa maison ; il lui proposa d'étendre son apanage jusqu'à la Loire. Charles de Guyenne ne répondait à toutes ces avances qu'en faisant des préparatifs de guerre, et en nommant au commandement de ses troupes le duc d'Armagnac, ennemi du roi.

Le danger croissait d'une manière effrayante. « Personne ne veut plus de Louis XI, disait-on : Anglais, Bourguignons et Bretons vont lui courir sus et on mettra tant de lévriers à ses trousses qu'il ne saura de quel côté fuir. » Il est certain qu'il ne savait comment dépister cette meute avide. Toujours armé, toujours prudent, il envoyait partout des ambassadeurs, semait la discorde chez ses ennemis et s'efforçait de rétablir l'ordre autour de lui. Il se livrait à mille pratiques dévotes, se faisait nommer par le pape chanoine de Notre-Dame de Cléry et ordonnait des prières pour la paix.

S'il faut en croire un écrivain, lui-même adressait à Notre-Dame une singulière requête : « Ah ! ma bonne
« dame, ma petite maîtresse, ma grande amie en qui
« j'ai eu toujours mon reconfort, je te prie de supplier
« Dieu pour moi et être mon avocate envers lui ; qu'il
« me pardonne la mort de mon frère que j'ai fait em-
« poisonner par ce méchant abbé de Saint-Jean. Je
« m'en confesse à toi comme à ma bonne patronne et
« maîtresse ; mais aussi, qu'eussé-je su faire ? Il ne
« faisait que troubler mon royaume. Fais-moi donc
« pardonner, ma bonne dame, et je sais ce que je te
« donnerai. »

Il est probable que cette prière est de pure fantaisie : Si Louis XI avait eu de pareilles intentions, il était trop prudent pour les formuler à haute voix ; mais ses ennemis avaient intérêt à le faire passer pour un grand criminel.

Toujours est-il que le seul événement capable de tirer le roi du péril qui le menaçait était arrivé. Charles, duc de Guyenne, était mort. Les uns prétendent qu'atteint de fièvres pernicieuses depuis huit mois, le frère du roi s'éteignit naturellement des suites de cette maladie ; les autres racontent ainsi la catastrophe : L'aumônier du duc de Guyenne, l'abbé de Saint-Jean-d'Angély, avait cueilli et pelé lui-même une pêche qu'il avait présentée à la dame de Montsoreau. Celle-ci l'avait partagée avec le duc. Deux mois après, la dame de Montsoreau était morte ; et six mois plus tard, Charles de France rendait l'âme à son tour.

Nous ne nous permettrons pas d'indiquer laquelle de ces deux versions doit être préférée. L'histoire n'a jamais résolu et ne résoudra jamais cette question.

Si Louis XI doit être lavé du crime qu'on lui a imputé, il n'en est pas moins vrai qu'à la nouvelle de cette mort, il témoigna une joie atroce. Cette satisfaction indécente s'était déjà manifestée à travers la brièveté d'une lettre qu'il écrivait, au sujet de la maladie du duc, au comte de Dammartin :

« Monsieur le Grand-Maître, depuis les dernières
« lettres que je vous ai écrites, j'ai eu nouvelles que
« M. de Guyenne se meurt, et qu'il n'y a point de
« remède à son fait ; et *le m'a fait savoir un des plus*
« *privés qu'il y ait avec lui, par un homme exprès,*
« et je ne crois pas, ainsi qu'il dit, qu'il soit vif à
« quinze jours d'ici, au plus qu'on le puisse mener.
« S'il me vient d'autres nouvelles, incontinent vous le
« ferai savoir. Afin que vous soyez sûr de celui qui me
« fait savoir les nouvelles, c'est le moine qui dit ses
« Heures avec M. de Guyenne ; dont je me suis fort

« ébahi, et m'en suis signé depuis la tête jusques aux
« pieds. Adieu. Moutilz-les-Tours, le 18 mars. »

En même temps qu'il apprenait la mort de Charles
de France, le duc de Bourgogne était informé que
Louis XI avait fait son entrée dans la Rochelle et dans
Bordeaux.

A la nouvelle de cette mort, qui ruinait toutes ses
espérances et détruisait tous ses projets, Charles le
Téméraire entra dans une violente colère. Il accusait
le roi de parricide et rappelait que deux ans auparavant, il avait essayé de le faire périr lui-même « par
glaive ou par venin; » et maintenant, ajoutait-il, il
a fait périr son frère « par poison, maléfices, sortilè-
ges et invocations diaboliques. »

Pour être prêt à tout événement, le duc de Bourgogne avait depuis longtemps rassemblé des troupes
régulières et disciplinées comme celles de France; il
promit de tirer de la mort du frère du roi une éclatante
vengeance; et entrant dans le royaume, il jura de tout
mettre à feu et à sang, malgré la trêve qu'il avait conclue et qui n'était pas encore expirée.

C'était bien, en effet, une guerre sans merci que le
duc allait entreprendre. Le 11 juin 1472, il arrivait
devant la petite ville de Nesles, dont la défense avait
été confiée à un capitaine nommé Petit-Picard, ayant
sous ses ordres cinq cents francs-archers du pays.

Après une sommation, demeurée sans résultat, les
troupes bourguignonnes s'élancèrent à l'assaut. Plusieurs fois repoussés par la vaillance intrépide de Picard
et de ses archers, les soldats du duc de Bourgogne

revinrent à la charge avec des hurlements de colère ;
ils ne comprenaient pas, en effet, que cette poignée
de braves leur résistât.

Cependant, devant les assauts multipliés d'une armée
tout entière, Picard s'aperçut que la place n'était plus
tenable, et croyant inutile de sacrifier tous les héroï-
ques défenseurs de Nesles, il demanda au duc une
capitulation qui lui fut accordée.

Mais il fallait, suivant les paroles de Charles le Terrible, « que tout fût mis à feu et à sang, » et au mépris
de la capitulation accordée, les troupes du duc entrè-
rent dans la ville, tuant, massacrant, sans trêve ni
repos, les soldats désarmés de Petit-Picard.

Une maison, dans laquelle le brave capitaine s'était
réfugié, est entourée d'un énorme amas de broussailles
auxquelles on met le feu. L'infortuné, étant parvenu
à effondrer une fenêtre, essaie de fuir ; les soldats de
Bourgogne lui brisent un bras, puis l'autre. Il glisse
au-dehors de l'ouverture, et les bourreaux lui rompent
les jambes à coups de massue : Encore tout plein de vie,
malgré toutes ces horribles blessures, noir des atroces
brûlures qui ont calciné ses chairs, il est, le lendemain,
attaché à une potence.

Ce qui restait des défenseurs et des habitants de
Nesles s'était enfermé dans l'église, espérant ainsi
échapper à la fureur des soldats : Les malheureux y
sont poursuivis et massacrés : Charles le Téméraire entra dans le temple en forçant son cheval à franchir des
monceaux de cadavres, et contempla avec une joie féro-
ce tous ces débris informes encore agités par d'affreuses

convulsions : « Persévérant toujours en ses diableries,

Louis XI invoquant la vierge (page 89).

« dit Jean de Troyes, il entra tout à cheval dans l'égli-
« se, où couloit un demi-pied de haut de sang, et joyeux.

« devant tant de cadavres, et se signant, il se vante
« d'avoir avec lui de bons bouchers. »

Petit-Picard est une de ces humbles victimes du
devoir dont l'exemple patriotique ne saurait être perdu
pour les générations futures, et dont les noms doi-
vent être écrits en caractères ineffaçables dans le livre
d'or de la France.

De Nesles, le duc de Bourgogne se rendit à Roye où
commandaient les sires de Moin et de Balagny avec
une garnison de 1400 hommes. La ville était forte et
bien pourvue, mais les archers refusèrent de combattre
et vinrent se rendre aux Bourguignons. Les chefs se
virent contraints de demander des conditions. Ils eurent
la vie sauve et la faculté de se retirer sans leurs armes.

C'est de Roye que le farouche duc lança contre
Louis XI un terrible manifeste, dans lequel il rappelait
tous ses griefs et qu'il adressa à toutes les villes de
France et de Bourgogne ainsi qu'à plusieurs cours
étrangères.

Cependant la sanglante exécution de Nesles est un
avertissement donné aux villes de se bien défendre, et
nous allons voir comment Beauvais va faire son
devoir.

JEANNE HACHETTE

L'histoire de Jeanne Hachette pourrait s'écrire en une courte page, si le souvenir du siège de Beauvais, en 1472, n'était inséparable du nom de cette héroïne « laquelle, dit Loisel, se montra si courageuse, qu'elle arracha des mains d'un porte-enseigne son drapeau, lequel elle porta et présenta dans l'église des Jacobins. » (1)

Son illustration est due au hasard des évènements ; son dévouement a été tout spontané ; il n'est pas question d'elle avant son jour de gloire ; aucune autre circonstance de sa vie ne sort du vague ordinaire et ne mérite d'être racontée. Elle vivait comme toutes les autres jeunes filles de sa condition dont rien de particulier ne la distinguait. Ce n'était pas une inspirée comme Jeanne d'Arc ; elle ne croyait pas avoir été chargée d'une mission divine, et si son courage a contribué à la délivrance de Beauvais, c'est tout simplement parce qu'elle avait au cœur un ardent amour de son pays.

---

(1) Cette église des Jacobins était une belle construction du XIIIe siècle ; elle fut consacrée en 1246. Elle a été complètement démolie en 1816.

Les historiens ne sont pas d'accord sur l'origine de *Jeanne Laisné*, surnommée *Hachette*, dont les premières années sont enveloppées d'incertitude. Il s'en est trouvé qui ont voulu faire de Jeanne un être fictif, une de ces apparitions merveilleuses qui appartiennent à la légende et qu'on voit se révéler tout à coup aux heures suprêmes, pour changer la face des destinées. Cependant, les lettres de Louis XI données à Senlis le 22 février 1473, le drapeau précieux conservé à l'Hôtel-de-Ville, et la tradition locale, ne laissent aucun doute sur l'existence de Jeanne et sur l'action sublime qui l'a immortalisée.

En 1833, M. Fouquet d'Hachette, se disant un descendant de l'héroïne, écrivit que Jeanne était fille d'un officier aux gardes de Louis XI, tué à la bataille de Monthléry et qui laissa Jeanne, encore petite enfant, aux mains d'une dame Mathieu Laisné, intendante du gouverneur de la cité. La dame Laisné éleva l'enfant dans sa maison comme sa propre fille, et l'histoire a conservé à Jeanne le nom de sa bienfaitrice.

C'est là que Jeanne entendait, pendant les veillées d'hiver, raconter les choses du temps passé, et particulièrement les grands et merveilleux événements qui avaient illustré le règne de Charles le Victorieux. La jeune fille ne se lassait pas d'écouter sa mère adoptive lui narrer les exploits de Jeanne d'Arc, et elle regrettait, dans son enthousiasme, de ne pas avoir combattu aux côtés de la vaillante fille de Domrémy, pour partager sa gloire.

Suivant l'opinion la plus accréditée, Jeanne serait

née le 14 novembre 1454, et aurait vu le jour dans la ville de Beauvais, au dire d'un manuscrit de la bibliothèque nationale. Lamy, auteur de l'histoire de Pont-Sainte-Maxence, a prétendu qu'elle était née à Pont, mais il n'en donne aucune preuve.

La tradition raconte qu'elle habitait la rue du *Puits-Jesseaume*, dont le nom a été remplacé en l'année 1820, par celui de *Jeanne Hachette*.

Jeanne Laisné, suivant la tradition, était une simple ouvrière ou *briseresse* de laine. Les écrivains antérieurs au XVIIIe siècle l'ont surnommée *Fourquet*, sans qu'on puisse s'expliquer pourquoi. C'est Mézerai, qui d'après le maréchal de Rouhault, contemporain de Jeanne, *a substitué aux noms de Laisné et de Fourquet*, celui de Hachette, et cette qualification est universellement adoptée.

Mais quel que soit le nom imposé à l'héroïne de Beauvais, il est incontestable que Jeanne a rallumé le courage de ses compatriotes, qu'elle a enlevé un drapeau aux Bourguignons, qu'elle a humilié l'orgueil du Téméraire et que sa vaillance a contribué au salut de son pays !

De l'avis de tous les anciens chroniqueurs qui en ont parlé, Jeanne avait de la beauté, de l'expression, beaucoup d'esprit, du courage et du cœur. On vantait la vivacité de ses saillies, *l'éclat de son regard, tout l'ensemble de sa personne, remplie d'un charme sympathique*, mêlé de délicatesse et de pureté. Déjà, et sans qu'elle s'en doutât, elle n'était pas une femme ordinaire.

Lorsque Jeanne guidait au combat les femmes de la vieille cité, elle était armée de la redoutable *hachette*, et c'est toujours ainsi que l'histoire nous la représente. Tous les historiens, tous les poètes, tous les artistes qui se sont occupés de l'héroïne l'ont représentée avec les mêmes attributs. Une bannière, une hache et par dessus tout, une impérissable auréole de gloire.

Louvet, Loisel, Mézerai, Barante, Anquetil, Guizot, ont tour à tour célébré la noble fille ; la tragédie et le drame ont également honoré sa mémoire, et partout et toujours, on a respecté l'ancienne tradition.

Le précieux tableau de Barbier, dont l'hôtel-de-ville de Beauvais est justement fier, le marbre du Luxembourg, animé par le ciseau de Bonassieux, nous présentent l'humble fille brandissant l'arme redoutable.

Toutes les statuettes populaires, toutes les toiles, tous les marbres des musées ont consacré les mêmes emblèmes : C'est toujours Jeanne debout sur les remparts de Beauvais, la hache en main, enlevant l'étendard de Charles le Téméraire, et terrassant le farouche agresseur.

Enfin, dans le bronze de la grande place de Beauvais, dû au ciseau de Dubray, — et dont nous donnons le dessin au frontispice de cet ouvrage, — l'artiste, s'inspirant des documents les plus authentiques, représente l'immortelle jeune fille armée de la hache vengeresse, et arrachant, d'un geste superbe, un drapeau à l'ennemi.

La tradition affirme encore que Jeanne mourut à

Beauvais, et qu'elle y fut enterrée dans le cimetière de la Madeleine.

Lorsque cet emplacement fut creusé pour asseoir des fondations, la pioche y découvrit beaucoup d'ossements parmi lesquels étaient, sans doute, ceux de la libératrice de Beauvais ; mais, ces restes sacrés, personne, hélas ! n'aurait pu les reconnaître...

Simple briseresse, bourgeoise ou noble dame, Jeanne Hachette ne nous en est pas moins chère, et le nom que l'histoire lui a imposé restera éternellement pour nous rappeler une des incarnations les plus pures de l'abnégation, du courage et du patriotisme.

LE SIÈGE DE BEAUVAIS

Après avoir brûlé Nesles et s'être emparé sans coup-férir de Roye et de Montdidier, Charles le Téméraire entra dans le Beauvaisis, pour courir de là en Normandie, où il avait donné rendez-vous à son allié le duc de Bretagne.

Ebloui de ses triomphes, toujours altéré de vengeance, il arrive devant Beauvais, alors la clef de la France. Ruinée par des guerres perpétuelles, la cité est presque sans défense : « La dedans la ville n'était « que le capitaine de ladite ville, nommé Loys de « Balagny, et trois cents hommes de sa compagnie, « lesquels ne avoient que quelques armures, car huit « jours devant les avoient perdues à Roye, qui avoit « été prinse des Bourguignons, et n'avoient autres « gens de guerre que les habitants et gens du pays qui « estoient restraits dedans. »

La situation était horrible et paraissait désespérée : Sans troupes, sans artillerie, sans munitions de guerre, comment la ville pourrait-elle résister? Et cependant, Beauvais veut s'ensevelir sous les décombres de ses murailles plutôt que de subir le joug de l'étranger.

La commune est convoquée, l'accord est unanime;

suivant les anciens plans de défense, on coupe tous les arbres d'alentour.

L'évêque avait écrit à Louis XI pour lui annoncer l'approche des Bourguignons : la réponse du roi est datée du Pont-de-Cé.

« Monsieur de Beauvais, j'ai reçu vos lettres par
« lesquelles vous me advertissez de la venue du duc
« de Bourgogne ès-marches de par-delà, aussi des
« exploits qu'il a faits, et de donner provision
« à la garde et sûreté de la ville de Beauvais,
« dont, et de votre advertissement, je vous sais
« très bon gré et vous en remercie ; et au regard de
« la provision, j'ai donné charge à M. le connétable
« des marches de par-delà, aussi j'ai envoyé M. le
« Grand-Maître, le sénéchal de Poitou et autres chefs
« de guerre et il y a un bon nombre de gens d'armes
« qui s'en va après eux devers lesquels pourrez envo-
« yer s'il en est nécessité, et y donneront la provision
« telle que sera besoin pour la garde et sûreté de ladite
« ville.

« Aussi j'ai espérance de bien brief me tirer ès-
« marches de par-delà. Si je vous prie, Monsieur de
« Beauvais, que mettiez en peine de faire tout en point
« et mieux que pourrez pour la garde et défense de
« ladite ville de Beauvais, et au surplus tout ce que
« vous verrez être nécessaire pour la sûreté de ladite
« ville, vous y employer comme j'ai une espéciale
« confiance. »

Mais déjà, par les portes de la ville, accourent en longues files les populations des campagnes, poussant leurs bestiaux devant elles, et transportant derrière les murailles de Beauvais tout ce qu'elles ont de précieux.

Les châteaux, les abbayes des environs, viennent avec leurs richesses, leurs reliques, se réfugier dans la cité. Sur les places, dans les carrefours, s'amoncellent les hardes, les meubles des villageois. Religieuses, moines et seigneurs, abrités dans les nombreux refuges de la ville, enfouissent ou murent leurs trésors dans des souterrains, tandis que les vieillards et les enfants se cachent dans les caves.

On ne peut circuler dans les rues, tant elles sont encombrées de gens de guerre, de bourgeois, de réfugiés, et l'on entend partout les récits lamentables des horreurs commises à Nesles.

Les portes, les poternes sont murées, barricadées ; des chaînes sont tendues ; des courriers sont expédiés dans toutes les directions, le guet est doublé, les chefs des quartiers mis en garde, et les « mayeurs » de bannières sont invités à se tenir prêts à tout évènement.

L'heure suprême approche, et les précautions redoublent.

Des ouvriers couvreurs qui réparaient la toiture du chœur de la cathédrale aperçurent à l'extrémité de l'horizon, dans la matinée du 27 juin 1472, une nombreuse troupe de gens armés qui s'avançaient vers la ville. Aussitôt ils sonnent la cloche d'alarme de la cathédrale, et les cloches des treize paroisses y répondent par des sons de détresse.

Ce n'était point une vaine alerte : Toute la ville est sur pied ; tout le monde court aux remparts ; bourgeois, moines, gentilshommes, gens de métiers et villageois se disputent les armes dont on peut disposer! Les plus braves se précipitent aux portes, sur les murailles, tandis que le maire, Guillaume Binet, armé de pied en cap, organise la défense et demande des secours aux pays environnants.

Philippe de Crèvecœur, sire d'Esquerdes ou des Cordes, commandait l'avant-garde des Bourguignons; le duc venait ensuite à la tête du principal corps d'armée dont les voitures occupaient la route sur une longueur de 20 kilomètres.

Il n'entrait point dans les plans du duc de faire le siège de la place; son projet était de s'avancer à grandes journées vers la Normandie ; mais le sire d'Esquerdes qui le précédait ne voulut point passer sous les murs de Beauvais sans procurer à son maître l'honneur d'y entrer en conquérant. Il savait que la ville n'avait pour toute garnison que le sire de Balagny et quelques gentilshommes de l'arrière-ban, qui avaient été récemment contraints de capituler à Roye et qui, pour cette raison, n'inspiraient pas grande confiance aux habitants ; et il se flattait que les Beauvaisins n'oseraient pas tenir contre la menace d'un siège. Il leur envoya donc un hérault d'armes, pour les sommer de lui présenter les clefs de leur ville ; mais cet envoyé reçut injonction, du haut des remparts, de se tenir éloigné de la muraille à la distance d'une portée d'arbalète, sous peine de mort.

« A huit heures, dit la chronique, les Bourguignons « sont devant Beauvais, en grande puissance et en

« grand nombre. Un hérault du duc de Bourgogne se
« présente avec sa croix de Saint-André, et, précédé
« de trompettes, il s'avance à un jet d'arc. — De par le
« duc, dit-il, je somme le capitaine et les habitants
« de la ville que l'on lui fest obéissance, — ce qu'on lui
« dénia. »

Les rejetons des vieux Bellovaques n'ont pas dégé-
néré; le sang de leurs aïeux parle à leur cœur plus
haut que la prudence; l'immensité du péril double en
eux cette force morale qui fait les prodiges. Leur fière
contenance met le sire d'Esquerdes en fureur, et il
ordonne immédiatement l'attaque de la place.

Laissant à Jacques de Montmartin le soin de l'assaillir
du côté du faubourg de Saint-Quentin, il va avec ses bataillons les plus braves, l'attaquer sur un autre point.

Le faubourg de Saint-Quentin (1) était protégé par un
petit fort avec lequel on pouvait communiquer de la
ville par une poterne qui s'ouvrait sur le fossé : Balagny
va s'y enfermer avec quelques arquebusiers d'un courage éprouvé, et la défend avec une admirable intrépidité contre cent lances et trois cents archers du comte
de Montmartin. Les assaillants perdirent plusieurs
hommes; mais, Balagny, atteint d'une flèche à la
cuisse, se vit dans la nécessité d'abandonner son poste
et de rentrer au plus vite dans l'intérieur de la ville.

L'ennemi se croyant déjà victorieux se mit à sa
poursuite en criant : « *Ville gaignée!* » il parvint ainsi
jusqu'à l'église Saint-Hippolyte, qui était presque con-

---

(1) La porte de Saint-Quentin ou porte Limaçon, était l'une des principales
entrées de la ville.

tiguë aux murs de la place, et s'y établit pour préparer ses moyens d'attaque.

Protégés par les maisons voisines, les Bourguignons arrivèrent facilement à la porte extérieure du pont-levis ; ils s'en rendirent maîtres en un instant et s'emparèrent de la loge des portiers.

Déjà l'étendard de Bourgogne flottait sur le massif destiné à recevoir le pont-levis quand on le baissait, et, il n'y avait plus qu'à franchir le fossé pour être au pied de la tour et commencer l'escalade. Mais, à la vue du triple rang d'arquebusiers qui couvraient les remparts et qui avaient déjà étendu roide mort le soldat audacieux qui venait de planter la bannière ennemie, les plus hardis reculèrent et restèrent quelque temps indécis ; ils tentèrent néanmoins le périlleux passage, et chaque fois qu'ils revinrent à la charge, ils furent repoussés avec perte.

Là n'était pas le plus grand danger pour la ville : l'attaque était bien autrement vive *du côté de la porte de Bresles.*

Le sire d'Esquerdes avait lancé ses bataillons jusqu'au pied des murs : les échelles furent dressées et l'escalade courageusement entreprise. A cet impétueux assaut, auquel l'ennemi fut contraint de renoncer, parce que ses échelles étaient trop courtes, succéda bientôt le feu de l'artillerie : Une couleuvrine dressée contre la porte y fit deux larges ouvertures, et les soldats, animés par l'espoir du pillage, s'élancèrent vers la brèche pour briser les derniers obstacles et ouvrir un passage à l'armée victorieuse.

Dans le transport de sa joie, Philippe de Crèvecœur expédie en toute hâte un courrier au duc de Bourgogne, pourqu'il eût l'honneur d'entrer le premier dans la place.

C'en était fait de Beauvais, si elle avait eu des défenseurs moins intrépides; mais l'imminence du danger donne des forces aux plus faibles et du courage aux plus timides. Balagny, malgré sa blessure, se fait porter le long des rues et excite les habitants à la résistance; vieillards, femmes, enfants, se dévouent à la défense commune : Tous les matériaux qu'ils trouvent sous la main sont transportés comme par enchantement sur le haut des remparts et précipités sur les bataillons ennemis.

Les femmes, surtout, se sont levées intrépides ; « elles admonestent les défenseurs de toujours avoir bon et entier courage. » Elles ne cessent d'exciter à la résistance leurs frères, leurs pères et leurs maris; elles portent aux combattants de la poudre et des armes, et jettent elles-mêmes sur les assaillants des pierres, de l'huile bouillante, de la chaux vive, du plomb fondu, des fascines enflammées. La résistance est si vive que les Bourguignons sont contraints de cesser l'attaque et de s'éloigner des murailles.

Mais peu s'en fallut que leurs moyens de défense ne devinssent funestes aux assiégés. Les matières enflammées communiquèrent le feu à la porte elle-même, puis à la herse et à toutes les pièces de bois qui défendaient l'entrée.

En un instant, la longue voûte qui courait sous

l'épaisseur du rempart fut transformée en une fournaise ardente, non moins redoutable aux assiégés qu'aux assiégeants.

Heureusement, les Beauvaisins faisant preuve d'une décision et d'un sang-froid extraordinaires saisirent le seul moyen de salut qui leur restât. Au lieu d'éteindre l'incendie, ils l'alimentèrent sans relâche afin de barrer passage à l'ennemi et de ménager à leurs travailleurs le temps de réparer et de fortifier la partie menacée.

Cette mémorable journée, qui vit de part et d'autre des efforts inouis, des prodiges surhumains, ne coûta à la ville de Beauvais qu'un seul homme tué et quatre blessés. « Si n'eût été, dit un contemporain, la grâce de « Dieu et des benoits saints et saintes dont les corps « reposent en cette ville, si n'eût été la venue des « secours, la ville était en grand danger et les habi- « tans. »

Il est certain que si les assiégés n'avaient pas été promptement secourus, toute leur bravoure n'aurait servi qu'à rendre inévitable la destruction de la ville et le massacre de ses habitants.

Ce n'était plus désormais contre l'avant-garde bourguignonne, c'était contre une armée de quatre-vingt mille combattants qu'ils allaient avoir à se défendre.

Le duc Charles était arrivé avec tout le matériel nécessaire pour pousser un siège avec vigueur, et il avait résolu de faire payer cher aux Beauvaisins leur orgueilleuse résistance : mais les secours ne leur manquèrent point en ce pressant danger.

Au premier bruit de la prochaine arrivée de l'ennemi,

le seigneur de Troussures était parti à franc-étrier vers Noyon pour demander main-forte ; après une course de vingt-quatre heures, sans descendre de cheval, il revient à Beauvais avec les seigneurs de Bueuil, de la Roche-Tesson, de Fontenaille, et environ deux cents lances. Ce premier renfort entrait en ville, par la porte de Paris, vers les neuf heures du soir ; et, sans perdre de temps, il marcha droit à l'ennemi qui portait toujours ses efforts vers la porte deBresle.

Le lendemain et les deux jours suivants arrivèrent de nouveaux secours beaucoup plus considérables : Joachim Rouhault, maréchal de France, les sénéchaux de Poitou et de Carcassonne avec cent lances, le seigneur de Torcy avec la noblesse de Normandie, Robert d'Estoutteville, prévôt de Paris, avec la noblesse de sa prévôté, le bailli de Senlis avec la noblesse de son bailliage commandée par Antoine de Chabannes comte de Dammartin, Tristan de Salezard avec sa compagnie de cent vingt hommes, la garnison d'Amiens, et d'autres renforts envoyés par les cités circonvoisines, s'empressent de venir défendre une ville dont les habitants se sont si noblement distingués.

Ici se place un événement qui a été diversement rapporté, mais qui fait le plus grand honneur à l'esprit de décision et de fermeté patriotique d'une femme de Beauvais, d'une compagne de Jeanne Hachette, la dame de Brétigny ou de Bréquigny.

Au moment de l'assaut, la foule massée vers la porte de Paris crie aux gardiens : « Fermez ! fermez ! Veci monsieur de Beauvais qui s'en veut fuir ! »

En effet, c'était l'évêque Jean de Bar, en cotte de mailles, tout chaussé, tout éperonné, javeline en main, qui jugeant « qu'il valait mieux être hors la ville que dedans, » s'enfuyait avec son argent, sa vaisselle, portés « dans une bouge verte » par un de ses officiers. Pendant que Pierre Bourgeois demande qu'on « lui baille les clefs pour les jeter par-dessus la muraille dans la rivière, » la dame de Brétigny saute à la bride du cheval du prélat fugitif, le relance dans la ville en s'écriant : « Honte! Monseigneur, il faut que vous mourriez avec nous! » En même temps « honorable homme et sage Jean le Goix lui crie que c'est mal fait à lui de délaisser la ville en pareil moment, qu'il montre mauvais chemin aux habitants et qu'il ne s'en ira pas. » Un jeune archer, Oudinet Duclos, tend son arc, et menace « de lui mettre la flèche dedans le corps, s'il bronche. » De toutes parts les huées s'élèvent autour de Jean de Bar. On lui répète encore : « Ah ! Monseigneur, vous vous dites seigneur de la ville et vous vous enfuyez! » — Plus loin, une femme lui crie de sa porte : « Monsieur, je vous prie que vous alliez prier Dieu pour nous. » Et l'évêque de répliquer : « Ma mie, on fait le pis pour le mieux. »

« Si que c'était grande horreur d'ouir les cris et murmuration du peuple. » (1)

Cependant Jean de Bar parvint à s'échapper le lendemain, et alla se créer auprès de Louis XI, une réputation de dévouement et de vaillance.

---

(1) Archives de la ville de Beauvais.

Les termes de ce récit sont tellement précis qu'ils ne paraissent laisser aucun doute sur les intentions du prélat : Néanmoins, nous croyons devoir rapporter également une version empruntée à l'histoire du diocèse de Beauvais, (1) laissant au lecteur le soin d'apprécier.

« Dès la première attaque, l'évêque de Beauvais,
« animé du même sentiment que le seigneur de Trous-
« sures, monta à cheval et partit au plus vite pour la
« capitale, dans l'intention de solliciter l'envoi d'un
« prompt secours ; mais à peine eut-il dépassé la porte
« de la ville que l'épouse d'un nommé Jean de Bréqui-
« gny, saisissant son cheval par la bride, arrêta le
« prélat et lui dit : « Monseigneur, vous vaincrez avec
« nous ou vous périrez avec nous. » On ajoute même
« que les gardiens de la porte, en vertu de l'ordre
« qu'ils avaient reçu de ne laisser sortir personne,
« avaient déjà leurs arcs tendus pour décocher leurs
« flèches ! Force fut donc à l'évêque de rentrer en ville
« et de prendre mieux ses mesures pour exécuter
« son dessein : le retard ne fut pas long. Deux jours
« après, il était à Paris, et le premier juillet, il avait
« audience du conseil de la commune : Après avoir
« exposé les dangers de sa ville épiscopale, il demanda
« avec instance que des secours en armes, en provi-
« sions et en hommes lui fussent incessamment envo-
« yés, et offrit d'abandonner à cette fin une somme
« de 970 livres 10 sols tournois que le roi lui avait

---

(1) Par l'abbé Delettre, vicaire-général, doyen du chapitre. — Beauvais, imp. Desjardins, 1843.

« remise au profit de l'église cathédrale. Sa demande
« fut accueillie et ses propositions acceptées : les se-
« cours furent dirigés vers Beauvais. »

Nous n'insisterons pas davantage sur cet incident.
Nous ferons seulement remarquer que la lettre de
Louis XI, à l'évêque de Beauvais, datée du Pont-de-Cé,
rendait superflue la nouvelle démarche du prélat.

Donc, la ville ayant été secourue se trouvait en mesure de soutenir les attaques réitérées de l'opiniâtre
bourguignon. Un conseil de guerre fut tenu pour organiser la défense de la place et assigner à chacun le
poste qu'il devait garder : Comme la Roche-Tesson et
Fontenailles avaient déjà signalé leur bravoure à la
porte de Bresles, on voulut leur confier un autre poste
moins dangereux, mais ces deux braves sollicitèrent et
obtinrent l'honneur de défendre leur première position.

L'église de Saint-Hippolyte, où les assiégeants s'étaient
logés, était pour la ville un dangereux voisinage : on
décida qu'elle serait incessamment détruite, et sur-le-
champ, cet édifice fut livré aux flammes. Les Bourguignons n'échappèrent à l'incendie que pour tomber
en grand nombre sous le feu de l'artillerie qui les fou-
droyait du haut des remparts.

Il y eut, sur ces entrefaites, un malheureux événement qui fit un instant craindre pour la conservation
de la place : Un violent incendie se déclara tout à coup
sur trois points différents, dans l'hôtel épiscopal contigu
aux remparts, et on l'attribua à la trahison ou à quelques secrètes manœuvres de l'ennemi. Heureusement

les Beauvaisins mettaient leur patriotisme au-dessus de toute autre considération ; et, au lieu de rechercher les causes de ce nouveau désastre, ils s'empressèrent d'y remédier en avisant aux moyens d'éteindre le feu au plus vite.

Pendant que quelques-uns s'épuisaient en vaines lamentations, les autres en plus grand nombre versaient l'eau à grands flots sur l'incendie. Ce ne fut qu'après huit heures d'un travail opiniâtre que l'on parvint à s'en rendre maître.

On raconte que la châsse de sainte Angadrême, patronne de la ville, fut portée au lieu du sinistre, et qu'à son approche la violence des flammes s'arrêta subitement. Il est probable, tout au moins, que la présence des reliques vénérées rendit la confiance et le courage aux habitants qui, redoublant d'efforts, parvinrent à entraver les progrès du feu.

Cependant, l'ennemi ne laissait aux Beauvaisins ni trêve ni repos. Depuis le 30 juin jusqu'au 6 juillet, il ne cessa pas de battre la ville en brèche. Un boulet alla donner contre un des contreforts du chœur de la cathédrale, et c'est seulement de nos jours qu'une réparation maladroite en a fait disparaître l'empreinte; un autre, traversant une verrière vint tomber sur une stalle ; on peut encore voir l'ouverture faite par ce boulet à l'une des verrières du côté gauche du chœur ; elle est indiquée par un verre de couleur bleue.

Les assiégés arrêtèrent le cours de la rivière, et les eaux, inondant le faubourg de Saint-Quentin, forcèrent l'ennemi à évacuer la place au plus vite. Dans leur dépit,

les soldats de Charles-le-Téméraire mirent le feu aux
habitations : L'incendie se communiqua à l'église de
l'abbaye et en consuma la flèche qui était l'une des
plus remarquables et des plus hardies de la contrée.

Chassé de cette position, le duc de Bourgogne n'en
fut que plus acharné contre la ville, et plus décidé à
pousser les opérations du siège. Afin de rendre impos-
sible une nouvelle inondation et de mettre à sec les
fossés de la place, il fit détourner le cours de la rivière
un peu au-dessus du faubourg ; puis, se rapprochant
des murs, il mit, sans succès, ses mineurs à l'œuvre.

Impatient d'en finir, il donna l'ordre à ses nombreux
bataillons d'escalader la muraille qui s'étendait de la
porte de l'Hôtel-Dieu (1) à celle de Bresles, et de tout
passer par les armes.

Les Bourguignons s'élancent sur leurs échelles en
brandissant leurs terribles épées; ils se pressent, ils se
poussent comme les flots d'une mer en furie, et, comme
les flots, ils vont se briser contre le roc.

Les assiégés, qui les attendaient de pied ferme, frap-
pent, renversent, précipitent dans les fossés quiconque ose paraître à la hauteur des murs. Ils en culbu-
tèrent de la sorte un si grand nombre que l'ennemi ne
pouvait plus arriver à ses échelles sans passer sur des
monceaux de cadavres.

Afin de ménager le sang de ses compagnons, le duc fit
cesser cette meurtrière attaque et donna l'ordre de mettre à contribution toutes les ressources de l'art pour
recommencer sous peu de jours un assaut décisif.

____

(1) Porte d'Amiens ou de Calais.

Les deux jours qui suivirent furent employés à préparer les moyens de venger cet échec du lundi 6 juillet. Deux ponts furent jetés sur le fossé afin de faire avancer des tours jusqu'au pied de la muraille; d'énormes quantités de fagots furent apportées pour combler le fossé.

Néanmoins, tous ces préparatifs n'empêchèrent pas le découragement de pénétrer dans les rangs de l'ennemi. « A quoi bon cet amas de bois? demandait au duc un de ses familiers. Si vous en venez à un troisième assaut, vous aurez assez de vos morts pour remplir le fossé. » Mais le Bourguignon dédaignait tous les avertissements; il voulait à toute fin emporter la place.

Il fit battre les murailles toute la journée du mardi et du mercredi ; l'attaque était des plus terribles. Le canon, qui tonnait sans relâche, faisait voler en éclats les briques et les pierres, et l'on voyait de grands pans de mur sur le point de s'écrouler.

L'alarme se répand dans la ville; tous les habitants sont en mouvement ; des prières publiques sont ordonnées, des processions parcourent les rues; les reliques de sainte Angadrême sont portées sur les endroits menacés, et sous cette égide tutélaire, les Beauvaisins redoutent moins le danger.

Ils se préparent à une vigoureuse résistance, et font provision de tout ce qui peut servir d'armes contre les assiégeants. Leur opiniâtreté à se défendre ne sera pas inférieure à l'obstination du Téméraire.

Beauvais sera sauvée, ou ses habitants s'enseveliront sous ses ruines !

LUTTE SUPRÊME

Cependant, le danger devenait de plus en plus menaçant ; les batteries avaient ouvert trois larges brèches à la muraille qu'on avait tenté d'escalader peu de jours auparavant ; et le 9 juillet, vers huit heures du matin, le duc de Bourgogne ordonna le troisième assaut, qui allait décider du sort de la ville.

En un clin d'œil, les troupes de Charles-le-Téméraire s'élancent ; le rempart est assailli dans toute sa longueur ; rien ne semble capable d'arrêter l'impétuosité des bataillons ennemis.

Malgré les traits lancés du haut des murs, malgré les pierres, la poix fondue, l'eau bouillante et les fascines enflammées que l'on précipitait sur eux, les soldats poussèrent l'attaque durant une heure et demie, et firent d'incroyables efforts pour pénétrer par la brèche.

La colère du maître n'admet pas un nouvel échec ; il faut vaincre à tout prix.

Un des plus intrépides parvient à gagner le haut de la muraille et y plante l'étendard de Bourgogne.

A cette vue, les troupes du Téméraire poussent de formidables cris de victoire : Beauvais va enfin succomber sous leurs coups.

Soudain, une jeune fille apparaît sur les remparts ; elle se précipite, l'œil en feu, les cheveux épars, armée d'une hache légère qu'elle brandit avec intrépidité.

Jeanne Hachette sur les murs de Beauvais.

Elle ramène au combat ceux qui, perdant tout espoir,
se préparaient à fuir; elle entraîne sur ses pas les

hommes découragés, les femmes éplorées ; elle bondit sur les créneaux, enlevant dans un sublime et irrésistible élan les défenseurs de Beauvais ; elle saisit, elle arrache l'étendard que le Bourguignon triomphant maintenait sur la brèche ; elle frappe l'audacieux de sa hache, le précipite dans le fossé, et resplendissante d'audace, de courage et de patriotisme, elle agite avec fierté son précieux trophée.

Cette jeune fille, cette digne émule de Jeanne d'Arc, n'a que dix-huit ans : C'est Jeanne Laisné, dite Fourquet, et surnommée, par le maréchal de Rouhault, Jeanne Hachette.

Son foyer menacé, la gloire de son pays compromise ont centuplé l'énergie de son noble cœur et l'ont exaltée jusqu'à l'héroïsme.

Cet exploit inattendu, dépouillé d'ambition et de fanatisme semble pétrifier l'agresseur. Sur toute la ligne menacée se reproduisent le même courage, la même intrépidité ; les femmes le disputent aux hommes dans cette lutte suprême, et tout le peuple électrisé achève la victoire d'une femme sur les 80,000 guerriers de Charles le Terrible !.

L'héroïne de Beauvais se rend alors dans l'église des Jacobins, peu éloignée des remparts, et dépose sur l'autel du Dieu des armées le glorieux trophée qu'elle vient de conquérir par sa bravoure.

Cet assaut avait coûté aux Bourguignons plus de quinze cents hommes.

Le duc est contraint d'aller se renfermer dans son camp, près de l'abbaye de Saint-Lucien.

Jean de Bonneuil, chanoine de Beauvais, qui a relaté jour par jour les incidents du siège, parle ainsi de cet assaut mémorable, dans les notes fort curieuses et très instructives qu'il a laissées :

« En cette semaine, le jeudi neuvième jour de juil-
« let, environ heure de huit heures, les Bourguignons
« livrèrent assaut aux portes de l'Hôtel-Dieu et de
« Bresles, auquel assaut les femmes portaient le corps
« de sainte Angadrême, et tiraient dedans la ville dards
« et arbalètes, tellement qu'une flèche demeura dedans
« ladite porte, comme encore appert, et toutes à l'aide
« de Dieu et des benoits saints furent reboutés arrière
« des murs, qu'il y en demeura (des Bourguignons) si
« grand nombre de gens d'armes et seigneurs et autres
« dedans les fossés, avec trois étendars, desquels les
« femmes gagnèrent l'un et se retrairent si vaillamment
« qu'ils pardirent tout honneur avec leurs gens. »

Après cette courageuse défense et une si éclatante victoire, les habitants de Beauvais rendirent à Dieu de solennelles actions de grâces. Dès le lendemain de l'assaut, il y eut une procession générale de toutes les paroisses et de toutes les communautés de la ville. La population tout entière se pressait à la suite des saintes reliques portées en triomphe.

Le succès extraordinaire des Beauvaisins a retrempé leur courage et leur a communiqué une ardeur nouvelle. Ce n'est plus, désormais, du camp ennemi que vont partir les attaques ; les assiégés ne craignent pas de se faire agresseurs.

Deux compagnies d'élite commandées, l'une par

Salezard, l'autre par Guérin Legrain, forment le hardi projet d'aller surprendre les Bourguignons sous leurs tentes.

Elles sortent, durant la nuit, par la porte de Paris, font un assez long détour pour passer la rivière, et se dirigent à petit bruit vers le camp ennemi.

Salezard et ses intrépides compagnons d'armes surprennent et égorgent les sentinelles, pénétrent dans l'enceinte du camp, mettent le feu aux tentes, tuent environ deux cents hommes, officiers et soldats, et se retirent, emmenant avec eux deux serpentines, un canon et plusieurs bombardes qu'il leur fallut jeter dans le fossé pour les soustraire à l'ennemi qui, revenu de sa stupeur, les poursuivait avec acharnement.

Cette audacieuse tentative coûta une dizaine d'hommes aux agresseurs : Le brave Salezard fut blessé, et son cheval, percé de coups, tomba à la porte de la ville.

La garnison de Beauvais avait maintenant conscience de sa force et de sa valeur : D'autres sorties semblables furent tentées les jours suivants, avec moins de succès, mais non avec moins de bravoure.

Jean Aubert seigneur de Condé, Louis de Feuquières, Jean Boileau, Guillaume Binet et un grand nombre d'autres vaillants chevaliers se distinguèrent, dans ces différentes circonstances, par une rare intrépidité.

Humilié dans son orgueil, blessé dans son amour-propre, le duc de Bourgogne voulant user de représailles essaya d'opposer la ruse à la ruse, la surprise à la surprise.

Il fit déguiser plusieurs de ses gens en paysans, en vignerons, en matelots, en portefaix, et leur donna l'ordre de s'introduire dans la ville et de mettre le feu dans les différents quartiers.

Ces émissaires partirent pour exécuter leur périlleuse entreprise ; mais ils ne purent réussir à tromper l'œil vigilant des Beauvaisins ; ils furent reconnus et mis à mort sans pitié, jusqu'au dernier.

Ce nouvel échec mit le duc hors de lui-même, et le porta à décharger le poids de sa vengeance sur les inoffensives populations des environs. Le bourreau de Nesles ne reculait devant aucune extrémité pour satisfaire sa fureur : Marissel, Bracheux, Wagicourt, Tillé, Rouge-Maison, et la plupart des villages situés dans un rayon de quatre lieues furent livrés aux flammes.

Alors, sans doute, comme devant la petite ville défendue par Petit-Picard, Charles le Terrible disait dans sa froide et barbare impassibilité : « Tels fruits porte l'arbre de la guerre ! »

Mais ces fruits amers n'étaient pas de nature à fortifier l'armée du Téméraire et à relever le courage de ses soldats. Beauvais était invincible.

La ville que les Bourguignons s'étaient flattés d'enlever facilement avait résisté à leurs attaques réitérées ; et, chaque jour elle recevait de nouveaux secours en hommes, en armes et en provisions de toutes sortes.

Le lendemain du grand assaut, Paris enthousiasmé lui envoya des médecins pour panser les blessés, de la poudre à canon, des cordes, des arcs, des flèches, des charpentiers, des pionniers et des arquebusiers payés pour six semaines.

Orléans qui avait dû, comme Beauvais, sa délivrance au courage d'une jeune fille, lui envoya cent tonneaux de vin et une grande quantité d'armes.

Chaque ville voulait s'associer à la gloire des Beauvaisins et contribuer à la défaite de l'ennemi.

Cependant le duc de Bourgogne, habitué à voir tout plier sous sa volonté, n'était pas d'humeur à battre honteusement en retraite : Il voulait bloquer la ville de tous côtés afin d'empêcher l'arrivée des secours, et tenter ensuite un dernier assaut. Mais il ne put faire accepter ce projet à son conseil de guerre.

Ses officiers lui représentèrent qu'une nouvelle tentative serait aussi infructueuse et beaucoup plus meurtrière que les autres. La ville, qui avait su soutenir les chocs réitérés d'une armée jusque-là victorieuse, était plus en état que jamais de tenir tête à l'ennemi. Déjà il avait perdu plus de 3000 hommes à ce siège meurtrier, et le découragement avait succédé à la première ardeur de ses soldats. Lui-même, après avoir été l'agresseur était obligé de se tenir sur la défensive, et la garnison bloquée n'avait pas craint de venir l'attaquer et d'immoler sous ses yeux ses plus vaillants capitaines.

Il ne pouvait exécuter son nouveau projet sans sacrifier en pure perte des milliers de soldats et compromettre le reste de son armée.

Toutes ces considérations obligèrent le duc à céder : Il consentit, la rage au cœur, à lever le siège ; et, cette

armée qui, le 27 juin, était arrivée devant Beauvais en
faisant avec ostentation étalage de sa force et de sa
puissance, en partit silencieusement, le 22 juillet
1472, abandonnant des canons sur quelques-uns desquels on lisait le nom de Monthléry.

La retraite des Bourguignons se fit avec beaucoup
d'ordre et de circonspection. Charles le Téméraire
espérait que la garnison se mettrait à sa poursuite, et
il comptait lui faire expier, en rase campagne, tout le
mal qu'elle lui avait fait sous les murs de la ville :
Mais les Beauvaisins lui laissèrent poursuivre sa route
vers la Normandie.

Malheur aux villages qui se trouvaient sur le chemin des vaincus ! Hanvoile, Songeons, Gerberoy, et
bien d'autres, furent traités comme ceux des environs
de Beauvais.

Cette armée, humiliée de sa défaite, ne marchait
qu'à la lueur des incendies qu'elle-même allumait partout sur son passage.

On put juger, après qu'elle se fut éloignée, combien
ses pertes avaient été nombreuses. Les alentours de la
ville, les cimetières de l'abbaye de Saint-Lucien, de
Notre-Dame-de-Thil et de Marissel, les jardins et les
vignes avaient été creusés en tous sens pour recevoir les
morts.

Pendant longtemps les vignerons des alentours ne
purent fouiller le sol sans remuer des ossements
humains.

La fureur de Charles semblait s'accroître à mesure
qu'il s'éloignait de Beauvais : Eu, Saint-Valéry-en-

Caux, Longueville, Neufchâtel, furent pillés et brûlés. Mais l'armée du duc, suivie de près par les Français, ayant échoué devant Dieppe se rejeta sur Rouen où le duc de Bretagne lui avait donné rendez-vous. Après avoir inutilement attendu pendant quatre jours l'arrivée de François II, le Téméraire se vit dans l'obligation de reprendre la route de ses Etats.

Ce n'était point volontairement que le duc de Bretagne avait manqué au rendez-vous : Pendant que l'armée de Charles était occupée devant Beauvais, Louis XI avait fait une rude guerre à son allié et s'était emparé successivement de la Guerche, Machecoul, Ancenis et Chantocé. Les succès foudroyants du roi de France avaient contraint François II à signer, le 18 octobre, la trêve de Senlis que Charles-le-Téméraire, jusque-là intraitable, acceptait lui même le 23 du même mois.

Ainsi, grâce au courage de Jeanne-Hachette et de ses compagnes, grâce à l'indomptable énergie de la garnison de Beauvais, le traité funeste de Péronne était déchiré; la honte de Liège était effacée.

Les gens avisés se rapprochèrent alors du monarque qui s'était tiré avec tant de bonheur d'une situation désespérée; et l'on vit Philippe de Comines, conseiller du duc de Bourgogne, le sire de Lescun, conseiller du duc de Bretagne, s'attacher à la fortune du roi de France.

APRÈS LE SIÈGE

« Jamais place n'avait été mieux attaquée ni plus vaillamment défendue », a écrit Comines à propos du siège de Beauvais.

La veille de l'assaut, Charles faisant admirer son beau parc d'artillerie aux ambassadeurs d'Angleterre, disait avec orgueil : « Voilà les clefs des bonnes villes de France. »

A ces mots, le fou qui le suivait, et à qui le Téméraire accordait le droit de tout dire, se met à examiner une à une les pièces de cette superbe artillerie. « Que fais-tu là ? lui dit le duc impatienté. » — « Je cherche les clefs de Beauvais et je ne puis les trouver » répondit le bouffon.

N'est-ce pas un singulier pronostic d'un fou plus sage que son maître.

Heureuse d'avoir contribué au salut de son pays, celle que l'histoire appellera désormais Jeanne-Hachette, rentra simplement dans sa demeure et reprit les occupations qui convenaient à sa condition et à son sexe.

Le troisième jour après la levée du siège, lorsqu'on fut bien assuré que les Bourguignons n'avaient point fait une retraite simulée, les Beauvaisins, fiers de leur triomphe, s'abandonnèrent à la joie la plus vive. Une procession générale eut lieu ; des messes d'actions de grâces furent célébrées ; un service funèbre fut chanté en l'honneur de tous les braves dont on avait à déplorer la perte, et particulièrement pour le seigneur de la Roche-Tesson qui était accouru l'un des premiers au secours de la ville assiégée, et qui était mort des suites de ses blessures.

Chacun, ensuite, s'occupa de réparer, dans la mesure de ses moyens, les ruines amoncelées.

Le roi Louis XI, émerveillé de ce beau triomphe, jure de ne pas manger de chair jusqu'à ce que Briconnet, son trésorier, ait fait exécuter une ville de Beauvais en vermeil, du poids de deux cents marcs.

Ce monarque accorda à la ville une foule de privilèges.

Par ses lettres, datées de la Roche au Duc (La Roche Guyon), juillet 1472, il exempte les habitants de toute imposition, leur concède la faculté gratuite de posséder des fiefs, les dispense de fournir des levées en temps de guerre, et rend à la commune ses anciennes franchises, considérablement diminuées du temps de la Jacquerie.

Puis, il institua en l'honneur de Jeanne-Hachette, une procession dite de l'*Assaut*, avec des stations aux portes attaquées durant le siège et si amplement arrosées du sang bourguignon.

La châsse de sainte Angadrême figurait à cette procession que suivaient l'évêque, les chanoines et les différents ordres religieux.

Le drapeau conquis par Jeanne était déployé avec orgueil et respect, dans cette cérémonie religieuse ; et, de génération en génération, il était toujours porté par les femmes de Beauvais.

Arrivé devant l'Hôtel-de-Ville, l'étendard était salué par le canon de la place, et c'étaient les représentantes de l'illustre héroïne qui mettaient le feu à la mèche, donnant ainsi à entendre qu'elles sauraient aussi, au besoin, faire preuve de courage et de dévouement.

Le sombre Louis XI, dans lequel nos yeux prévenus voient toujours l'hôte sinistre de Plessis-lez-Tours, savait à l'occasion être généreux et reconnaissant.

Il marie la vaillante Jeanne à Colin ou Nicolas Pilon, digne par sa bravoure de marcher dans la vie aux côtés de cette femme héroïque.

Il exempte la libératrice de Beauvais de la taille, de toutes charges publiques, elle et ses descendants; et il veut, en mémoire de son triomphe, que les femmes de Beauvais aient le pas sur les hommes à la procession de l'Assaut.

Le roi permit à ces femmes couronnées d'une si glorieuse auréole, de se parer, le jour de leurs noces, d'hermine, de soie et d'or, comme les femmes des chevaliers.

Tous ces privilèges, approuvés par Charles IX, Henri IV et Louis XIII ont subsisté jusqu'à la Révolution.

On relira, sans doute avec intérêt, les lettres patentes données par le roi à cette occasion :

« Nous duement certenés, et au vray sachant et
« cognoissant la grande fidélité et loyauté très-cordiale
« que les gens d'église, maire, échevins, bourgeois,
« manans et habitans de nostre bonne ville et cité de
« Beauvais ont eue envers nous, à l'expulsion et très-
« honteux débuttement des Bourguignons estant de-

« vant nostre dite ville, laquelle entre les autres villes
« et cités de nostre royaume a acquis excellence et
« emporté à perpétuelle mémoire triomphe de victoire,
« avons entre autres choses en l'honneur de Dieu nos-
« tre créateur, et de la très-glorieuse vierge madame
« sainte Angadrême (dont le corps qui est très-solen-
« nellement mis et enchâssé en une fierte en l'église
« collégiale de monsieur saint Michel estant en nostre
« ville, fut porté par plusieurs fois aux jours des
« assauts faicts et donnés par lesdicts Bourguignons
« aux portes et murailles d'icelle ville) voulu et ordonné
« par chacun an, jour et solemnité de la feste de ladite
« vierge une procession... estre faicte; pour ledit jour
« icelle châsse porter et ainsi exorer et prier ladite
« vierge et honorer les reliques d'icelle, affin de tou_
« siours principalement préserver et garder nostre
« dite ville de la fureur et invasion desdicts Bourgui-
« gnons et de nos autres ennemis adversaires, et icelle
« nostre ville entretenir unie, ferme et constante en
« saincteté de paix.

Aux maires, pairs et habitants de Beauvais.

« Les Bourguignons, déboultés par l'intercession de
« sainte Angadresme, levèrent le siège et s'en dépar-
« tirent honteusement, et aussi que les femmes
« de ladite ville durant lesdits assauts ne se mon-
« trèrent nullement desconfortées, mirent la main
« à la besogne, et vous donnèrent matière à vous
« et vos descendants à toujours, mes bons bourgeois
« et manants d'icelle ville pareillement garder

« leur loyauté et la monstrer par effet envers nous
« et nostre couronne. Pourquoy nous avons bien
« voulu et ordonné que lesdites femmes jouissent
« doresnavant des octrois et prééminences déclarées en
« nosdites lettres. Que les femmes et les filles voissent
« à la procession devant les hommes, sans êtes repri-
« ses, et ceintes d'or. Et, en la perpétuelle mémoire
« de ladite procession faite ainsi par les femmes de
« ladite ville, pendant et durant ladite hostilité, et de
« leur bonne contenance, vertu et résistance, avons
« en outre voulu et ordonné qu'icelles femmes aillent
« doresnavant à la procession par nous ordonnée,
« incontinent après le clergé, et précèdent les hommes
« iceluy jour, et qu'ainsi le fassent à l'offrande qui se
« fera à la messe ; et, en outre, que toutes les femmes
« et filles qui sont à présent et qui seront ci-après en
« ladite ville se puissent et chacune d'icelles à toujours
« le jour et solennité de leurs nopces et toutes autres
« fois que bon leur semblera, vestir et orner de tels
« atours, parements, joyaux et ornements que bon
« leur semblera, sans que aucunes d'icelles en puissent
« être aucunement notées, reprises ou blâmées, en
« quelque état ou condition qu'elles soient.

« Si donnons en mandement par ces présentes à
« nos justiciers et officiers présents et à venir, que nos
« présentes volontés, ordonnances, et tout le contenu
« de ces présentes, ils gardent, entretiennent et facent
« entretenir de point en point, et sans enfreindre, en
« les faisant crier et publier en ladite ville par lieu
« où l'on a accoutumé de faire cris et publications, à

« ce que aucuns n'en puissent prétendre cause d'igno-
« rance, et afin que ce soit ferme et stable à toujours. »

Voici maintenant la lettre-patente qui concerne particulièrement Jeanne-Hachette :

« Savoir nous faisons que par considération de la
« bonne et vertueuse résistance qui fut faite par notre
« chère et bien-aimée Jeanne Laisné, demeurant en
« notre dite ville de Beauvais, à l'encontre des Bour-
« guignons, nos rebelles et désobéissants sujets, qui,
« ladite année, s'efforcèrent de surprendre et gagner
« sur nous et notre obéyssance, par puissance de
« siége et d'assaux, notre dite ville, ladite Jeanne ga-
« gna et retira devers elle ung estendard desdits
« Bourguignons, ainsi que nous estant dernièrement
« en notre dite ville, avons été de ce duement infor-
« mé ; nous avons, pour ces causes, et aussi en faveur
« du mariage de Colin Pilon et elle, lequel, par notre
« moyen, a esté naguère traicté, conclud et accordé,
« et par autres considérations, avons octroyé et octro-
« yons de grâce spéciale, par ces présentes, que lesdits
« Colin Pilon et Jeanne, sa femme, chacun d'eux
« soient et demeurent leur vie exempts, francs, quit-
« tes de toutes les tailles qui sont et seront doresna-
« vant mises sus et imposées de par nous en notre
« royaume, soit pour le faict et entretènement de nos
« gens de guerre ou quelque cause que ce soit, et aussi
« de guet et garde-porte, quelque part qu'ils facent
« leur demeure en notre royaume ; si nous mandons
« et enjoignons que lesdits mariés, et chacun d'eux,
« vous laissiez jouir et user pleinement et paisiblement

« de nos présentes que ces affranchissements et octrois,
« sans aucun empêchement, car ainsi nous plaît être
« faict, etc. »

Désormais, le succès est assuré au roi de France ;
son plus redoutable adversaire ne va plus travailler
qu'à se perdre lui-même en poursuivant la réalisation
de ses rêves insensés.

Il veut à tout prix s'agrandir pour relier ses Etats
de Flandre à ceux de Bourgogne et changer sa couronne ducale contre une couronne de roi.

L'habile politique de Louis XI a déjoué les projets
du Téméraire sur la Champagne ; le duc va chercher
à s'emparer de la Lorraine et de l'Alsace.

Nous allons voir comment il saisira toutes les occasions de satisfaire l'insatiable ambition dont il est dévoré.

Le vieux duc de Gueldre a été emprisonné par son
fils, impatient de régner à sa place : Charles s'établit
juge entre le père et le fils, et décide en faveur du
vieux duc qui lui vend son duché.

Le duc de Lorraine vient de mourir : Le Téméraire
se saisit de la personne de René de Vaudemont, son
héritier, et se fait céder, avec le libre passage à travers le pays, quatre places fortes sur les frontières. La
même année, l'électeur de Cologne le nomme avoué
et défenseur de l'électorat.

Précédemment, en 1469, l'archiduc Sigismond, à
court d'argent, lui avait engagé pour une faible somme
le landgraviat de la haute Alsace et le comté de Fer-
rette. C'était une partie des pays qui forment le passage entre la Franche-Comté et le Luxembourg. De là,

un de ses suppôts, gouverneur de cette province, le farouche Hagenbach, menaçait Strasbourg, Mulhouse, Colmar, Bâle, Berne.

Charles pensait que le moment était venu de faire reconnaître publiquement son indépendance souveraine et de ceindre la couronne royale. Il s'adressa pour cela à l'empereur Frédéric III, à qui il avait offert, pour son fils Maximilien, la main de sa fille Marguerite.

Une entrevue fut fixée à Trêves pour régler les détails de cette importante affaire. Le duc de Bourgogne s'y montra dans un somptueux appareil qui froissa l'empereur dont le cortège était des plus mesquins ; et l'on s'aperçut bientôt que ni l'un ni l'autre des deux souverains ne voulait le premier exécuter sa promesse. Si d'un côté Charles hésitait à se donner un gendre dont les exigences pourraient le gêner, d'autre part Frédéric craignait de soulever le ressentiment de l'Empire en augmentant la puissance, de plus en plus menaçante, du duc de Bourgogne.

Cependant, le jour du couronnement fut fixé. Le sceptre, la bannière et la couronne furent préparés. Déjà, dans la cathédrale de Trêves, étaient dressés les trônes de l'empereur et du nouveau roi, lorsque de sinistres avis arrivèrent, de la part de Louis XI, jusqu'à Frédéric.

L'empereur, effrayé, s'enfuit la veille de la cérémonie après avoir fait dire à Charles que cette grande affaire serait traitée dans un moment plus opportun.

En même temps, le duc est informé qu'une ligue formidable se forme contre lui ; et l'archiduc Sigismond lui apporte tout-à-coup 100,000 florins pour le

rachat de l'Alsace que le Téméraire est obligé de resti-
tuer. Délivrés d'un joug odieux, les habitants de Brisach
se saisissent du tyran Hagenbach qui est décapité.

Pendant que la coalition s'organise et que le farouche persécuteur de l'Alsace est puni du dernier supplice, Charles fond sur l'électorat de Cologne et se
dispose à punir les justiciers. Il a mis sur pied une
armée admirable soutenue par une artillerie puissante
et une cavalerie exercée, et concentre toutes ces forces
devant la petite ville de Neuss. Située sur un rocher et
intrépidement défendue, Neuss résista onze mois.

L'Alsace appela à son secours son alliée des monta-
gnes, et Charles-le-Terrible reçut devant la ville assiégée le défi des Suisses, de ces gardeurs de troupeaux
qu'il appelait si dédaigneusement « les vachers des
Alpes. » Il reçut également le défi de René de Vaudemont, duc de Lorraine; et après avoir perdu une
partie de ses troupes, l'arrivée d'une puissante armée
germanique l'obligea à lever le siège.

Le duc insulté, bafoué, alla rejoindre le roi d'Angleterre qui venait de descendre en France où il
comptait sur une courte et glorieuse campagne. Mais
Charles était presque sans armée, et le connétable de
Saint-Pol, sur lequel les Anglais croyaient pouvoir
compter, fit tirer sur eux les canons de Saint-Quentin.

Edouard, trompé dans ses espérances par le duc de
Bourgogne qui n'avait plus d'armée, irrité contre Saint-
Pol, qui lui faisait une réception si singulière, signa
avec Louis XI le traité de Pecquigny, malgré la colère
de Charles et les nouvelles avances du connétable.

Charles le Téméraire refusa d'abord d'être compris dans la trêve; mais il avait si fort à cœur de se venger des Suisses qu'il céda un mois plus tard.

Quant à Saint-Pol, dont la conduite n'avait pas cessé d'être équivoque, il se jeta entre les bras du duc de Bourgogne; mais il tomba bientôt dans les mains du roi de France et fut justement condamné comme criminel de lèse-majesté.

Louis XI comprit que la meilleure vengeance qu'il pût tirer du duc de Bourgogne était de le laisser poursuivre ses aventures insensées. Bien qu'il eût lui-même poussé le duc René à la guerre, il laissa succomber la Lorraine. Nancy tomba le 30 février 1476 entre les mains de Charles-le-Téméraire qui voulut, cet hiver même, châtier les Suisses. Il marcha contre eux à la tête d'une riche et puissante armée, traînant à sa suite tous les trésors de son père, et s'empara par surprise de la petite ville de Granson dont les défenseurs furent noyés ou pendus.

Toute la Suisse s'émeut à la nouvelle de cette perfidie; et les cantons lancent contre l'armée bourguignonne 20,000 montagnards. Quittant une position excellente, le duc marche au-devant d'eux, mais les longues piques des montagnards, en les mettant hors d'atteinte, jettent le désarroi chez leurs ennemis. Tout à coup un long mugissement retentit dans la montagne. Le *taureau d'Uri* et la *vache d'Untervalden* (1) annoncent l'approche de nouveaux défen-

----

(1) Deux énormes trompes de corne d'aurochs.

seurs : l'armée bourguignonne, saisie d'une panique étrange, s'éparpille dans toutes les directions. La perte en hommes fut cependant peu considérable ; mais le prestige du Téméraire, qui avait reçu devant Beauvais une si rude atteinte, menaçait de disparaître complètement. Depuis la défense de l'héroïque cité, Charles n'était plus invincible. Les montagnards qu'il traitait avec tant de mépris l'avaient obligé à fuir et s'étaient emparés de son épée, de ses diamants, de sa tente, de son sceau ducal, de son collier de la Toison d'Or.

Retiré à Lausanne, Charles le Téméraire ne rêve plus que la vengeance. Il rassemble une nouvelle armée et va attaquer les Suisses à Morat. De toutes parts des défenseurs accourent, et les confédérés attaquent les Bourguignons avec impétuosité aux cris répétés de « Granson ! Granson ! » Les Suisses s'emparèrent des canons et firent de leurs ennemis un effroyable carnage : 10,000 hommes furent passés par les armes et beaucoup d'autres furent précipités dans le lac de Morat. Quatre ans après cette victoire, les Suisses construisirent, avec les ossements des vaincus, une chapelle qu'ils appelèrent l'*Ossuaire des Bourguignons*.

Egaré, fou de douleur, le duc resta deux mois comme un homme foudroyé ! « Il était terible à ses gens ; nul n'osait lui donner des conseils. »

Ce fut, pour cet homme qui avait foulé aux pieds tous sentiments humains, la période des refus humiliants, des paroles amères et insultantes ; ses amis l'abandonnèrent ; ses ennemis, encouragés par Louis XI, resserrèrent de plus en plus le cercle de fer qui l'étreignait.

René, duc de Lorraine, qui s'était réfugié à la cour
de France, avait rejoint les confédérés ; ses sujets furent heureux de son retour, et il eut bientôt repris
toutes les villes de son duché.

Charles le Téméraire fit une tentative suprême pour
reconquérir Nancy ; mais son armée composée d'étrangers ou de traîtres, lutta inutilement pendant deux
mois. Pendant ce temps, les cantons réunirent 20,000
hommes qui vinrent écraser sous les murs de la cité
Lorraine, les restes de Granson et de Morat.

Le dimanche 5 janvier 1477, par un temps horrible,
le duc se porta au-devant de l'ennemi. Au moment où
on lui posait son armet sur la tête, le lion d'or du
cimier tomba : « C'est un présage de Dieu, » s'écria
le Téméraire, et il s'élança dans la mêlée. En quelques
instants sa petite armée fut anéantie, et lui-même fut
tué par un ennemi inconnu.

Le lendemain de la bataille, un de ses pages recon-
nut dans la vase glacée d'un ruisseau le cadavre mutilé
du plus orgueilleux des princes. Une croix de pierre
élevée dans l'étang aujourd'hui desséché de Saint-
Jean marque l'endroit où s'est brisée cette ambition
brutale et stérile.

Louis XI connut cette catastrophe dès le 7 janvier
et ne put s'empêcher de manifester la joie la plus vive.
Le monarque patient et rusé avait eu raison des vio-
lences de son impétueux adversaire qui, suivant ses
prévisions, avait lui-même précipité sa perte.

Charles le Téméraire ne laissait qu'une fille, Marie
de Bourgogne : Louis XI, parrain et tuteur de la prin-

cesse, mit la main sur la Bourgogne et la Picardie, le Hainaut et l'Artois; il trouva partout des raisons suffisantes pour expliquer sa conduite.

Malgré le mariage de la fille du duc de Bourgogne avec Maximilien d'Autriche; malgré les haines que lui avaient suscitées les exécutions multiples des grands seigneurs révoltés; malgré l'échec éprouvé par son armée à Guinegate, le monarque en était arrivé à ses fins : Il tenait enfin cette France arrondie et complète, objet de toute son ambition, au sujet de laquelle il écrivait : « Je n'ai d'autre paradis en mon imagination. »

Les soucis du pouvoir, les angoisses d'une autorité souvent menacée, avaient rapidement vieilli le souverain que l'idée seule de la mort glaçait d'épouvante. Son vrai maître, à cette époque de son existence, était son médecin Jacques Coctier « qui lui estoit si très-rude, que l'on ne diroit point à un valet les outrageuses et rudes parolles qu'il lui disoit. »

Il fallait pourtant, dit naïvement Comines, « qu'il passast par là où les autres sont passez » et il mourut le 30 août 1483 « en grande santé de sens et d'entendement, en bonne mémoire, ayant reçu tous ses sacrements, sans souffrir douleur que l'on cogneut, mais toujours parlant jusques à une patenostre avant sa mort. »

Peu scrupuleux sur le choix des moyens, Louis XI a cependant des droits à toute notre indulgence parce qu'il a courageusement travaillé à la grandeur de la France dont il plaçait les intérêts au-dessus de toute autre considération.

EPILOGUE

Les siècles s'écoulent et Beauvais ne paraît guère enthousiaste de la plus pure de ses gloires, de l'héroïne dont l'intervention, au jour du danger, a changé les destinées de la patrie.

Nous ne prétendons pas dire que la vieille cité ait oublié Jeanne-Hachette. Son nom et la mémoire de son action valeureuse revivent dans les récits traditionnels que se transmettent les générations.

On en parlait autrefois, chaque année, le jour de la procession de l'*Assaut*, et, quand au hasard d'une visite à l'Hôtel-de-Ville, on se trouvait en présence de la vieille bannière bourguignonne.

Il est vrai que des peintres et des statuaires étrangers avaient représenté la courageuse libératrice de Beauvais : mais, en dehors de la manifestation religieuse de sainte Angadrême et du glorieux trophée de l'Hôtel-de-Ville, rien ne rappelait son exploit à ses compatriotes.

Ce n'est que vers 1820 que l'édilité attribua le nom de Jeanne-Hachette à la rue du Puits-Jesseaume que, d'après la tradition locale, elle avait habitée.

Enfin, le 6 juillet 1851, près de quatre siècles après le grand siège, Jeanne va revivre par le bronze : La statue de l'héroïne va s'élever sur la principale place de la cité.

Beauvais, si calme d'ordinaire, est depuis plus de quinze jours dans une agitation fiévreuse ; on travaille de toutes parts aux préparatifs de la cérémonie d'inauguration à laquelle le chef de l'Etat doit lui-même présider.

Jeanne, en effet, n'est pas seulement une gloire locale : En se dévouant pour sa ville menacée, son patriotisme a profité à la France tout entière ; et il n'est pas étonnant que de tous les points du pays des délégations viennent apporter leur tribut d'hommage à la mémoire de l'humble briseresse.

Dès l'aube du grand jour, la ville parée de tapisseries, de feuillages et de fleurs, voit en s'éveillant flotter dans l'air des milliers de drapeaux aux couleurs nationales.

Les joyeux carillons des cloches de toutes les églises et la grande voix du canon saluent le triomphe de Jeanne-Hachette.

Les routes et les sentiers, les champs et les collines qu'autrefois les farouches soldats du Téméraire avaient semés de ruines, se couvrent maintenant d'une population empressée, parée de ses habits de fête et manifestant bruyamment son enthousiasme.

A travers une nuée de piétons roulent les diligences poudreuses et les charrettes rustiques dans lesquelles s'entassent des villages entiers.

De tous les points de l'horizon arrivent des gardes-nationaux tambours battants, enseignes déployées. Ils traversent la ville sous des arceaux de verdure, sous des guirlandes de fleurs, sous des arcs de triomphe fièrement élancés. Partout, à côté du drapeau tricolore, des écussons aux initiales de Jeanne-Hachette, partout des statues de l'héroïne.

La foule augmente, déborde comme un fleuve immense, contenue à grand'peine par la force publique, dont les chefs se demandent inquiets où il restera place pour le cortège officiel.

Les fenêtres, les toits sont garnis de spectateurs hissés les uns sur les autres. Les arbres en sont chargés jusqu'à la cime ; des imprudents sont à cheval sur les pignons aigus, sur les cheminées, sur les gouttières.

Dix heures sonnent et l'on se presse davantage, et les poitrines palpitent d'émotion. Le canon résonne par intervalles, les tambours battent aux champs, la cavalerie ébranle le sol et l'enthousiasme redouble au souvenir de Jeanne, dont on célèbre l'apothéose.

Jamais la paisible ville de Beauvais n'avait éclaté en pareils transports.

Enfin, voici l'heure de l'inauguration. La place de l'Hôtel-de-Ville offre un aspect féérique ; outre qu'elle est magnifiquement décorée, elle se présente encadrée de soldats aux brillants uniformes, d'une multitude de peuple aux costumes variés, de milliers de têtes qui se pressent curieuses, aux issues de toutes les fenêtres.

Le cortège s'avance ; il se déroule étincelant, sous

un splendide soleil, autour de la statue de Jeanne-Hachette.

En ce moment, comme pour servir de couronne à une si belle fête, s'avancent entre deux haies de soldats qui protègent leur marche, les jeunes filles de Beauvais, vêtues de blanc. Toutes tiennent d'une main ferme une petite hachette, en souvenir de l'arme terrible dont Jeanne frappa l'ennemi de son pays.

Les unes portent le drapeau séculaire, arraché il y a quatre cents ans de la main des Bourguignons ; les autres soutiennent sur leurs épaules la châsse de sainte Angadrême, jadis percée d'une flèche bourguignonne.

Toutes ces jeunes filles se groupent sur les marches de la statue, comme une légion de beaux anges jaloux de proclamer devant l'univers la gloire des femmes de Beauvais.

L'émotion, dans cet instant, était au comble, et plus d'un vieux soldat laissa couler sur sa moustache des larmes d'attendrissement.

Un signal est donné, un frémissement parcourt la foule et est suivi d'un silence relatif : Les voiles de la statue sont enlevés, et Jeanne saluée par une salve d'artillerie, par l'éclat des fanfares et les acclamations du peuple, apparaît intrépide et vaillante, telle que ses contemporains l'avaient vue sur les murailles de Beauvais le 9 juillet 1472.

Le président de la République, les ministres et les généraux se placent en face de la statue, et la magistrature, l'administration, la municipalité, l'armée, les délégations ouvrières, les représentants de l'Assemblée nationale viennent tour à tour saluer la libératrice de Beauvais.

L'atmosphère est embrasée, la foule s'écrase, mais personne ne veut quitter la place ; on tient à jouir jusqu'au bout de ce spectacle unique.

Le maire prend la parole et retrace dans un patriotique et énergique langage la glorieuse résistance de la cité, l'admirable exaltation des femmes, l'immortel exploit de Jeanne, la victoire mémorable des Beauvaisins, et la fuite honteuse de l'orgueilleux duc de Bourgogne.

L'évêque, à son tour, jette à Jeanne victorieuse ces mots que la ville de Béthulie adressait à sa libératrice : « Vous êtes, après les saints de Dieu, la gloire, la joie et l'honneur de notre peuple. »

« Ce fut, dit-il, à la source féconde de la foi que Jeanne puisa son amour passionné de la patrie ; aussi, regardez-la, dans l'enthousiasme de la victoire, ne semble-t-elle pas vous dire : « Loin de moi, loin de vous, le courage égoïste enfanté par la vanité et l'ambition. »

Cette fête de Jeanne, qu'on ne l'oublie pas, est en même temps la fête de toutes les femmes de Beauvais, je dirais presque de toutes les Françaises, et voici une femme qui debout, devant la statue de l'héroïne, vient célébrer la gloire de Jeanne :

> Il s'est levé, le jour de la justice !
> Ta sainte image habite parmi nous :
> Qu'un peuple entier la contemple à genoux !
> Pour te bénir, notre libératrice,
> Que tous les cœurs se donnent rendez-vous.

Qu'on aime à voir ta sublime assurance,
Ton œil d'éclair, ton intrépidité!
Jeanne, on croirait que ce bras indompté
Va renverser l'ennemi de la France
Et, de nouveau, préserver la cité!

Dans nos accents que toujours il respire,
L'auguste exploit qui sauva nos foyers;
Bourgogne, fort de cent mille guerriers,
Sur nos revers se fondait un empire;
Il nous brisait sous ses pas meurtriers!

Pour le braver, qu'avions-nous? Trois cents lances,
Que Nesle en feu vit fuir en désarroi!
Nous succombions de surprise, d'effroi!
Mais quel prodige! ô Jeanne, tu t'élances,
Et l'ennemi recule devant toi!

Filles de Jeanne, à votre destinée
Qui ne voudrait toujours appartenir?
Filles des temps, filles du souvenir,
A vous du sort la chance fortunée;
A vous aussi la voix de l'avenir!

Quatre cents ans, c'est l'âge de sa gloire,
Et son reflet n'en brille que plus beau :
Quand de nos bords sa gloire est le flambeau,
N'a-t-elle pas un trône dans l'histoire,
L'apothéose au-delà du tombeau!

. . . .

Voici les murs où plane son courage :
Ici Beauvais, courbé sous la douleur,
Du Bourguignon voit flotter la couleur!
Là, Jeanne part comme un souffle d'orage;
Là, ce drapeau couronne sa valeur.

Couvrez de fleurs ce trésor des batailles;
De le toucher, peuples, soyez jaloux;
Ce talisman porte bonheur à tous:
Voyez, depuis qu'il garde nos murailles,
Si l'oppresseur ose fondre sur nous! (1)

. . . .

Les femmes de France ont bien montré, il y a quinze

---

(1) Mme Fanny Dénoix.

ans, qu'elles étaient toujours dignes de Jeanne d'Arc et de Jeanne-Hachette. Moins heureuses que leurs devancières, elles n'ont pas eu le bonheur de voir fuir devant nos malheureux et intrépides soldats les hordes farouches de la Germanie; mais partout, dans les ambulances et sur les champs de bataille, elles ont glorieusement accompli leur sainte mission de dévouement.

Les fêtes en l'honneur de Jeanne-Hachette, se continuent au milieu de la joie patriotique de la population.

Le soir, les rues de Beauvais, étincelantes de lumières, ornées de belles tapisseries, encombrées de glorieux emblèmes, étaient parcourues par la foule émerveillée.

Les groupes se pressaient surtout à l'entrée d'une rue bien pauvre, mais revêtue pour la circonstance d'une riche parure de fête. On y accédait par une voûte de feuillage où se détachait cette inscription : *Rue Jeanne-Hachette.*

On ne pouvait, sans émotion, s'engager dans cette rue populeuse; et, l'on s'arrêtait avec respect devant un temple de verdure, surmonté d'un écusson portant ces mots : *Ici était la maison de Jeanne-Hachette.*

C'est là, en effet, cette antique rue du Puits-Jesseaume, où la tradition place la demeure de l'héroïne.

Le lendemain, les réjouissances se continuent, et le soir de cette seconde journée, un magnifique feu d'artifice paraît embraser la ville.

Des colonnes de feu, des serpents de flammes, lancés contre le ciel, retombent en milliers d'étincelles. Des fleurs, des forteresses, des temples flamboient dans l'espace et rappellent les terribles incendies allumés par les soldats de Charles-le-Téméraire.

Tout à coup l'héroïque Jeanne apparaît sur les remparts, hache en main, superbe, invincible comme si elle allait encore terrasser l'agresseur.

C'était le dernier acte de l'apothéose de l'intrépide Beauvaisine.

Un hourra formidable s'échappe de toutes les poitrines : *Vive Jeanne Hachette! Vive la libératrice de Beauvais!!...*

Limoges. — Imprimerie Marc BARBOU et Cie.

www.ingramcontent.com/pod-product-compliance
Ingram Content Group UK Ltd.
Pitfield, Milton Keynes, MK11 3LW, UK
UKHW022351090726
13658UKWH00002B/582